나는 아직 바람이고 싶다

나는 아직 바람이고 싶다
시산맥 감성기획시선 064

초판 1쇄 발행 | 2021년 6월 21일

지 은 이 | 김덕원
펴 낸 이 | 문정영
펴 낸 곳 | 시산맥사
편집주간 | 김필영
편집위원 | 오현정 강수 정선
등록번호 | 제300-2013-12호
등록일자 | 2009년 4월 15일
주　　소 | 03131 서울특별시 종로구 율곡로 6길 36,
　　　　　월드오피스텔 1102호
전　　화 | 02-764-8722, 010-8894-8722
전자우편 | poemmtss@hanmail.net
시산맥카페 | http://cafe.daum.net/poemmtss

ISBN 979-11-6243-213-6 03810

값 9,000원

* 이 책은 전부 또는 일부 내용을 재사용하려면 반드시 저작권자와 시산 맥사의 동의를 받아야 합니다.
* 이 도서의 국립중앙도서관 출판도서목록은 서지정보유통지원시스템 홈페이지(http://seoji.nl.go.kr)와 국가자료종합목록 구축시스템(http://kolis-net.nl.go.kr)에서 이용하실 수 있습니다.
* 이 시집은 교보문고와 연계하여 전자책으로도 발간됩니다.

나는 아직 바람이고 싶다

김덕원 시집

* 본문 페이지에서 한 연이 첫 번째 행에서 시작될 때에는 〈 표기를 합니다.

■ 시인의 말

　시인은 자연에 대한 진솔한 관찰과 그 안에서 이뤄지는 생명 현상에 대한 오묘함까지 진정한 마음으로 바라볼 수 있어야 공감을 전달할 수 있다 할 것입니다. 지극히 한정된 나의 삶의 언저리에서 채득한 사유(思惟)로 사물을 읽어내는 눈은 상상력으로 이어지지 못하다 보니 공감을 이끌어 낼 감성도 턱없이 부족합니다.

　그럼에도 불구하고 감히 2집을 세상에 내놓자니 아직도 문학을 사춘기적인 감상이라고 생각하며 문학의 변두리를 서성이는 몸짓에 불과한 자신이 한없이 왜소함을 떨쳐버릴 수가 없습니다.

　난해하고 고답적인 문학이 대접받는 세상이지만 문학에 있어서 눈치 볼 필요가 있겠나 생각에 이르러 꾸며진 감동보다 실질적 삶의 체험에서 채득한 언저리들과 소통하며 대상을 나름 묘사해 보았습니다만 진한 향기는 아닐지언정 살아있다는 아침 인사며 안부쯤으로 읽혀진다면 더없는 영광으로 위로를 삼고자 합니다.

　- 2021년 여름을 지나며, 友甫 김덕원

■ 차 례

1부 나는 아직 바람이고 싶다

나는 아직 바람이고 싶다 – 18
반추하는 독백 – 20
2월 – 22
3월 – 23
바람의 딸 – 24
5월 – 25
선운사 청보리밭 – 26
개나리 – 28
약속 – 29
민들레 – 30
주름의 조율 – 32
비교하지 않는 용기 – 34
거룩한 뒤통수 – 36
두루미 – 37
날아가는 것들은 날개가 없다 – 38
관조 – 40
부부의 온도 – 41
삶의 오진 – 42
2020년의 봄 – 43
천년을 이어갈 뿌리가 되자 – 44

2부 매직 아워(magic hour)

매직 아워(magic hour) — 48
백일몽 — 50
그녀는 아직도 어제를 산다 — 51
7월 — 52
얼굴 없는 악마 — 53
살기위한 에너지 — 54
내 인생의 그림 — 55
자아의 성 — 56
특수한 은총 — 58
거듭남의 미 — 59
나그네 길 — 60
거미집이 둥근 이유 — 61
모기의 비밀 — 62
세월의 길목 — 64
생활에 밑줄을 긋자 — 65
고통은 확성기다 — 66
복 — 67
삶은 — 68
똥에 얽힌 아름다운 진실 — 70
어쩌면 — 72

3부 아름다운 이별

아름다운 이별 – 74
시론 – 76
그러하더라도 – 78
다리로 사는 법 – 80
생태계 수호자를 위하여 – 82
오과지자 – 84
10월 – 86
로데오 밀밭 – 87
그 죽집 – 88
널뛰는 집들 – 90
민심이 가출하면 – 92
거울 – 93
문과 구멍 사이 – 94
형제 강 – 95
소멸과 증가 – 96
연희 – 98
판을 엎는 시행사 – 100
백합꽃 수난 – 102
빗나간 일편단심 – 103
곧지 못한 말에서 나는 냄새 – 104

4부 바흐의 현을 타고

바흐의 현을 타고 − 106
깨복쟁이 동창회 − 108
기울어진 존재 − 109
메이크업 − 110
물아! 물아! − 112
세월 − 114
흔적 − 115
수청목 − 116
구비 − 117
동청 − 118
생태계 파수꾼의 꿈 − 120
복이 굳은 백성 − 122
거룩한 영향력 − 123
악세사리로 전락한 정의 − 124
소花의 일생 − 126
그의 입술이 리드를 만나면 − 127
구(口) − 128
어머니 속 − 129
민심을 닮은 水心 − 130
하늘만 올려다봅니다 − 132

■ **해설** | 유성호(문학평론가) − 135

1부

나는 아직 바람이고 싶다

나는 아직 바람이고 싶다

꽃샘바람 불던 날
첫울음을 울고
하늬바람
마파람
높바람
덴바람 맞으며

일 년 내내 머리 위를 떠나지 않는
삼백예순다섯 개 해와 달을 먹고
빨갛게 익어

혈기로 점철된 생의 분통 엎질러가며
거친 파랑(波浪), 시간의 무닛결로 풀어내던
내 젊은 날들이
시간을 구부려서 다듬어 놓은 내일은
나도 모르는 옵션이 첨부되어
무거워진 내 오후의 생 위로
과거로 가는 시간이 뚜벅뚜벅 걷고 있다

〈
참람(僭濫)하게도 훌쩍 먹어버린
내 나이를 훔쳐 갈 도둑이 든다면
나는 두 팔 벌려 버선발로 그를 맞으리

내 허물어져 가는 것들을
훑고 가는 바람아!
무심한 듯 바라보는
이 몸부림을 어쩌랴

헐렁해진 가슴에 꽃 무덤 만들어
하얀 눈꽃 흩날리도록
먹구름 밀어내고 무지개 드리울
한줄기 청량한 바람.
내 사랑 그대 곁에
나는 아직 바람이고 싶다

반추하는 독백

 더 견고해지는 벽을 뚫고 가야 할 잉여들 우듬지에 오래된 잠을 건너온 견적서가 생의 줄거리들 매달고 있습니다. 나의 태생은 아침 햇살에 스러져갈 한낱 이슬일 뿐이고 나는 그냥 산과 바다가 어우러진 마을의 평범한 한 줌 흙이었을 뿐입니다. 별을 따라간다고 우주 정거장을 찾아 나서기도 하고 '젊은 베르테르의 슬픔' 한 권 옆구리 끼고 문학도를 훔치기도 하고 숨조차 할딱거리던 젊은 날은 천둥벌거숭이였습니다. 겹겹 바람들에 흔들리고 수 겁을 표류하며 정박한 하구에서 내 영혼 내장에서 번져오는 그 궁핍한 냄새마저 끌어안고 비릿한 소금기 털어내고 나를 삼킨 옹기 같은 우주에 심겨졌습니다. 성찰과 초월을 오가던 고답적 고독한 사고는 치열하고도 아름답기까지 한 형태로 동그라미 하나 굴리며 살다 보니 가늘고 홀쭉했던 동그라미가 조금씩 뚱뚱해지고 과정이 현실에서 맨발을 속속 드러내고 부끄러운 줄도 모르고 뒤집힌 양말을 뒤집어쓴 얼굴로 곳곳에 그어진 선들을 넘으며 정당방위라고 얼마나 목청껏 목울대를 세웠던가. 가끔씩 여기저기 붕괴를 알리는 경고음이 울리곤 했습니다. 쌀

한 가마 무게를 지고 나를 세우던 무릎이 곡소리를 냅니다. 절뚝발이가 된 편린들 흑백 향기를 품은 채 옵션으로 견적서에 첨부되어 있습니다. 마치 대추나무 연 걸리듯 말입니다.

잠시 멈춰선 반추가 나를 응시하고 있습니다.

서로에게 윤활유였던 우리는 발효된 효소처럼 마지막 한 방울까지 우려내야 할 시간만 남았습니다. 모두가 사라질 배경들일 뿐인데도 말입니다.

2월

먼 산에 피운 霧氷, 초목 위에 침묵
눈꽃이 핀 것처럼 아름다운 풍경이어라.
서리꽃을 털어내고 봄 마중을 가시려나.

질서를 다스리는 존재감의 시샘인가
봄도 아닌 것이 어정쩡 난처하건만
그 만의 결핍으로 치부할 일만은 아니다.

작은 것을 탓하지 않는 견고한 당당함에
언 강을 밀어내는 기운을 주셨구나.
혹한에 봄을 부를 전령사로 세웠구나.

4년에 하루 자투리 몸소 입고 나와
우주를 다스리는 너 2월의 모순 앞에
옷깃을 여미며 그 절개 예를 갖춰 세운다.

3월

꽃바람에 산들은 물기 어리고
들불처럼 번져갈 초록이 기지개 켠다
멍으로 머물러 있는 마음 헹구고
길고 어둔 침탈의 외투를 벗자

풀지 못할 매듭이라면
차라리
동방의 해가 뜨는 봄을 입자

육체는 지배해도 빼앗지 못한 정신.
맨몸으로 총검 앞에 궐기하던
3월의 혼을 입지
고난은 겪고 나면 선물이더라

푸르디푸르다 보면
허다한 허물도 묻힐 테지
푸르디푸르다 보면.

바람의 딸(Eranthis)

칠산 앞바다 비릿한 해풍에
덧없이 지고 마는 꽃이라지만
강인한 생명력으로 봄을 이고 오시니까
"너도 바람꽃" "바람의 딸"이로다
덧없는 사랑 기다림에 조바심 누를 길 없어
꽃샘도 일기 전에 맨 첨
만물이 소생하는 봄을 이고
천길 빙하 언 땅을 뚫고 하얀 눈 호호 불어
잿빛 주검 덮고 있는 2월 변산 기슭에
새하얀 가녀린 몸 바람의 딸
변산 아씨 봄을 이고 오셨네.

*바람의 딸 (변산 바람꽃)

5월

콘크리트 벽 틈새에도 퇴적한 먼지
더미에도 한 비에 한 싹이 열리고 내 안에
층층이 소용돌이치는 그리움의 풀씨마저
내려와 시린 가슴 한편에 싹을 틔운다

싱그러운 연둣빛 바람에 햇살 고봉으로 쌓이고
저 쨍쨍 소리 나는 눈이 부시도록 푸르른 질서
가지 밖 얼굴 내민 연초록 늙지도 않고
다산한 어머니 품에 이파리 마구 흔들어댄다

아이들을 인격체로 존중하고 부모님의
쌈지를 들여다보는 지에로운 푸른 어신의
질투 때 아닌 돌풍 불어 주검으로 매달린
마른 잎들 매섭게 꾸짖어 질서를 가르치고

다툼이나 허영으로 하지 않고 오직 생명을
위한 순수와 겸손함으로 낸 너른 품에서
원시적 생명력으로 충일한 눈부신 생의
관능은 늙고 지친 산야에 우거지고 있다

선운사 청보리밭

3월
선운사 청보리밭은
풋풋한 갯내음 펄쩍 뛰는 파도를 닮았다

도솔 계곡에 홀로 뒹굴던 바람 한 점
울 엄마 한숨 뒤엉켜 이랑마다
내 유년의 향유를 퍼붓고 울 엄마
고단한 흔적을 지운다
하얀 눈 부릅뜨고 달려오는 춘설에도
눈이 시리도록 푸르름은 딱
울 엄마 가슴을 닮았더라

달군 쇠처럼 뜨겁던 울 아부지!
오래 굶주린 짐승 같은 욕망은
허기를 움켜쥐고 석양을 둘둘 말아
이고 오시는 울 엄마 품 떠나 속절없이
떠돌 적에 서랍처럼 속 깊은 울 엄마
가슴도 서걱 소리를 내곤 했다

〈
북어처럼 마른 몸 한 손엔 호밋자루
한 손엔 대를 잇지 못한 설움 긴긴 해
캐고 묻으며 광물을 캐는 일에 비길쏘냐
금지옥엽 네 강아지들!
토실토실 파랑을 만들었지
울 엄마 독백이 추상(追想))같이 서 있는
내 마음 풀어 놓는 선운사 청보리밭

개나리

제비도 아니 오고 춘설은 성성한데
샛노란 방울 종들 시린 손 호호 불어

잎새도 아니 내고 봇짐도 아니 지고
어아리 춤을 춘다 봄봄봄 오신다고

황초롱 불 밝히고 꽃샘을 배웅하니
춘풍이 살랑살랑 봄봄봄 맞아오네

희망의 노란 꽃잎 평화의 상징으로
병아리 부리처럼 봄봄봄 물고 오네

약속

이보시게!

우듬지에 매달린 봄을 보시게

맨몸으로 혹한을 견딘 약속이

의연하지 않은가!

민들레

앉은뱅이 하얀 삿갓 쓰고 백 년 전
유럽에서 산 넘고 물 건너 이 땅에 귀화해

토종을 밀어내고 반도의 민초 되어
잉태의 기다림으로 노랗게 피우누나

인마에 밟혀도 길섶 피니 인덕(忍德)이요
뿌리를 다쳐도 성하니 강덕(剛德)이라

꽃대별 차례로 꽃을 피우니 예덕(禮德)이며
잎은 나물 뿌리는 김치 온몸 바쳐 용덕(用德)일세

꿀이 많아 벌을 부르니 정덕(情德)이고
잎과 줄기에 흰 액은 애덕(愛德)이련가

뿌리는 머리를 검게 하는 효덕(孝德)으로 섬기고
즙은 종기를 다스려 인덕(仁德)으로 베풀며

바람이 정한 곳에 자수성가하는 용덕(勇德)으로

임 향한 변치 않는 한 조각 붉은 마음

자신의 지난 모습 흙 속 깊이 묻어 두고
순결한 사랑 배양하는 노란 민초로 피우네

주름의 조율

매일 같은 속도와 같은 무게감으로 반복되는
시간의 흐름도 정해진 규칙에 따라 움직이는 일상도
어쩌면 모든 감금을 내포하는 기표(記標)가 아닐까?
일상으로부터 벗어난다는 것은 꿈꾸는 자의 몫이고
그 꿈은 변화와 일탈을 지향하지만 삶의 이면을
들여다보고자 하는 고투를 동반하는 법이지

어느 날 첨단을 누리는 날들이 싫증 나거든
일상을 한번쯤 내동댕이쳐보는 거야
억년을 거슬러 켜켜이 쌓여 있는 중생대
백악기가 머물러 있는 채석강에 가보는 건 어떨까?

대부분 사람들은 부안을 잘 모르지만
부안을 생거부안(生居扶安)이라고 하지
왜냐고?
조선 영조 대왕이 어사 박문수를 불러
조선에서 가장 살기 좋은 곳이 어디냐 묻자
어염시초(魚鹽柴草)가 풍부해 부모 봉양과
처자식 건사하기 좋은 고장이라 해서

불린 이름이지

하루 두 번 들이밀고 빠지는 물때와 잘
맞아야 채석강을 오롯이 만날 수 있지
물이 가장 많이 빠지는 저조(低潮) 전후
두 시간 정도가 속살을 온전히 드러내거든

오랜 세월 파도가 깎아내고 바람이 잘라낸
단층과 습곡은 우리네 인생사를 많이 닮았지
상형문자처럼 생긴 기괴한 문양들
한 치의 벗어남도 허하지 않는 돌 주름들
견고한 선(線)을 이룬 고립
중생대 생명체들 숨결을 느껴봐
일시적인 것에서 영원을 바라보며
이탈한 리듬을 조율해 보는 거야
선캄프리아대 생명체가 된 기분일 테니까

비교하지 않는 용기!

아름답게 태어나는 세상의 모든 것들
비교하지 않으면 진정한 아름다움으로
고질적 병폐들 줄일 수 있다

피아노와 멜로디언 서로 다른 음색을
궁전이 오두막의 추억을 흉내 낼 수 없으며
코스 요리와 떡볶이 다름의 전통은
밝은 얼굴로 하늘만 바라보는 꽃들과 같다

토끼는 거북이를 얕잡아 보았으나
거북이는 오로지 목표만 바라보았고
달팽이는 자신의 보폭을 비교하지 않는
용기로 노아의 방주에 들어갈 수 있었다

비극은 열등감 자기비하 낮은 자존감에서
기인하며 비교는 정신도 육체도 피폐해져
능력을 폄하하고 창조의 질서를 허문다

비교하지 않는 용기!

이중적 자아를 극복하고
아름다운 사회 구성원으로
창조의 자아를 극복하는 길이다

거룩한 뒤통수

큰 죄 주렁주렁 달고
어느 날 갑자기
황량한 벌판을 오라 하실 때
육신의 쾌락을 추구하며
갈애(渴愛)하다 숙성된 비곗덩어리
영(靈)의 양식 먹지 못한 황겁한
몸부림은 회한의 허기로세

한 영혼을 천하보다 웅숭깊게 종요로이
여기시는 범애(汎愛)의 경지에 눈떠
나를 설레게 한 뒤통수…
내 영혼 쉴 곳에 언제라도 다시
오라시면 부끄럽지 않도록
돌려주신 여생 낱낱이 닦으려네
얼룩의 생 닦아낼 거룩한 뒤통수여!

두루미(鶴)

뒷발가락이 짧아 나뭇가지 위엔 앉지 못하고
걸음걸이는 겅중겅중 타조에 버금가는 너를
十長生 반열에 올리고 정2품 문관
흉배(胸背)에 수놓아 학반(鶴班)이라 칭하고

깃털 사이 머리 묻고 한 쪽 다리 들고 자는
치열한 생존 전략마저 고고한 자태라 일컬으니
모가지가 긴 사슴은 슬픈 짐승이라 하더라만
신선이 타고 다녔다는 너는 정녕 영물이더냐

어리석은 사람 학의 긴 다리 잘라주려 하고
오리의 짧은 다리 길게 늘이려 하지만
학은 제 다리가 길다고 탓하지 않으며
오리는 다리가 짧은 것을 탓하지 않더라

무리 중 뛰어난 인물이요(群鷄一鶴)
득도하지 못한 선비의 탄식이고(鶴鳴之歎)
심신을 닦고 실천하는 선비이며(鶴鳴志士)
목을 늘여 빼고 기다리는(鶴首苦待)
외롭고 쓸쓸한 사람으로(鶴孤)
세상 귀히 쓰는 말로 사뭇 너를 기려 있구나

날아가는 것들은 날개가 없다

얼이 담겨 있고 심보를 드러낸다
생각을 담아내고 사상과 감정을
표현하는 음성적 부호이다

축복을 담으면 밝은 빛이 되고
무시를 뱉으면 분을 품는다
참회를 담으면 회복을 부르고
저주를 뱉으면 복수를 일군다

머리로 하면 계산이 앞서고
가슴으로 하면 감동이 있지만
입으로만 하면 열매가 없다

눌러 있지 못하고 싸돌아다니는
속성 때문에 사탕도 발리고 가시도
돋쳐 날개도 없이 속히 난다

쌍지팡이 짚고 설설 기어 앞서가서
아 다르고 어 다른 데 가공한 나를

안줏거리로 질근질근 씹고 다닌다

이걸로 먹고 사는 사람도 진위는
뒷전이고 창조된 허구로 왜곡된
진리로 세상을 잇는 다리를 놓는다

씨가 된다고 새가 물어 가고 쥐도
물고 가고 발도 없이 천 리를 가고
날개가 날개를 만들어 날아가더라

관조(觀照)

견디어 온 시간만큼 깊어진 뿌리들이
움트는 소리를 들으며 아스라이 퇴색해버린
황겁하고 기진했던 다변화된 일상들을 비로소
세월이라고 불러도 될까 관조해 본다

높이 만들어진 파도는 부서지기 마련이건만
파도를 만드는 바람은 보지 못하고 일렁이는
파도만 보고 흔들리고 부서지며 살아왔구나

각질화된 일상을 깨뜨리고 헛된 유혹을
극복하고자 하는 미완과 모순 사이에서
생각을 고정해 살고자 하였으나
그 삶의 이면을 들여다보고자 하는 꿈은
변화와 일탈을 지향하는 단순한 희망이
아니라 끝없는 고투였다

비록 그것이 실패하였더라도 이미
나의 혼은 그분을 바라보고 있었으므로
새로운 존재로 호명하여 형통하고 완전한
평강으로 지키시리니 신뢰하고 기다리리라

부부의 온도

성혼선언이 끝나면 낭만은 현실이 되고
결혼 행진곡이 끝나면 보이는 단점들
부부의 온도는 상승 하향곡선이다
꽃들을 피우던 날에는 서로의 허물을
계산하지 않고 이탈한 리듬을 조율하며
서로에게 활기찬 에너지였다
인생의 복선들 앞에서도 지수 굿하고
펄펄 끓을 때는 내 마음 온통
그대 쪽으로 엎질러져 넉넉한 햇살이
생의 꿀맛을 핥는다 하였더니
식어가는 새벽 온돌방에 스산한 바람 한 점
끼어들어 곪은 삶의 흔적들 들쑤셔댄다
내수면에 헤엄치던 갈등 몇 마리 볶은 소금
튀듯 튀어 올라 선착장처럼 비릿하다.
피차 잘라내지 못한 뿔이었기에
나는 쥐뿔이다 너는 개뿔이다
다툼의 원인은 없고 문제의 본질보다
자존심 대결로 오감을 불태우다
가물가물한 기억까지 꺼내어 가슴에
질경이 같은 피멍만 남기고 식어간다

삶의 오진

시간 앞에 인간의 운명은 1도 용납되지 않고
가차 없이 무자비하다. 쉼 없이 왔다가 가는 세속잡사
무엇 하나 비껴갈 수 없고 냉혹하고 모질지라도
사라져가는 흔적들이라도 수습하여 기억의 주머니에
담아보지만 시간은 수습의 징후조차 내려놓기를 강요한다.
삶의 저편으로 내쫓기는 망각의 편린들을 바라보며
삶에 대해 진단한다고 이야기할 때 삶은 오롯이 증상으로만
존재할 뿐이므로 인간은 숙명적 한계에 저항하면서 끝없는
파라다이스를 지향하지만 오진을 유발하는 비 객관적 변수들로 인한 그것은 결국 오진일 수밖에 없다는 결론에 이른다.
냉혹하기 이를 데 없는 시간 앞에 그 누군들 자신을 애틋하게 여기지 않으랴만 쏟아 부은 시간과 열정이 배신한 변곡점에서 삶의 일부라도 확장하려는 몸짓과 자기애는 오진으로 인한 통증으로 말미암아 삶을 깊이 꿰뚫어 보려는 객관적 통찰이 한숨을 몰아쉬다가도 하늘 한 번 쳐다보는 건 어쩌면 오진을 통해서 존재 의미를 확인하려는 오늘과 내일의 살풀이 같기도 하고.

2020년의 봄

두 겹 마스크에 라텍스 장갑 끼고
새소리 바람소리마저 들리지 않는
적막 속 봄을 몰래 걸을 줄 몰랐네
차마 발설하지 못한 한이 오랜 피울음을 걸어 나와
더 차가운 슬픔으로 봄이 젖는다
독방에 수감된 불량 죄수가 되어
다수의 혼들이 녹고 있다
방호복 입은 상주가 영정을 모시고 영정 속
알 수 없는 미소는 눈물만 바라본다
눈에 뵈지도 않는 바이러스 한 점에
문들은 굳게 닫고 봄은 빗장을 걸었다

천년을 이어갈 뿌리가 되자

순백의 캔버스에 푸른 꿈을 담아라
서로 기대어 세상을 딛고 설 힘을 기르고
숨겨진 잠재력을 끌어올릴
서로에게 분명한 기표가 되자

넌 아내의 얼굴에 색을 채우고
넌 남편의 어깨에 꿈을 심어라

참고서도 없는 인생 노트에
탐구의 밑줄!
성찰의 밑줄!
감사의 밑줄을 긋자

공과(功過)의 무게를 저울 위에 올리지 마라
사소한 감정이 화를 부른다 고정관념을
벗고 이미 내려진 해석에 매달리지 말자
어떤 경우라도 진실 뒤에 숨지 마라
사람의 마음을 움직이는 연주자 되어
서로를 담을 수 있는 그릇이 되고
땅과 씨앗이 만나 꽃을 피우듯

후덕한 관계의 꽃을 피워라

세상이 너희를 불가능한 상황으로 몰아가거든
시련과 연단은 등급을 정함이 아니니
성장과 확장을 위한 훈련임을 감사하라

서두르지 마라
혹여 앞만 보고 달리는 경주마는 되지 말자
거실 한켠에 여유 한 컷쯤 걸어두고
무게를 나눠 질 깃털이 되자

조금 안다고 꽉 찬 물병보다 알아도 탐구하는 빈
항아리 되자 지혜가 많으면 구름 섣힌 파란하늘을
올려다봄 같고 높은 산에 올라 사방을 내려다봄
같으리니 지성의 가치가 머리에서 나오는 든 사람
으로 기여의 가치가 마음에서 나오는 난사람으로
작은 우주에 천년을 이어갈 뿌리가 되자

2019년 4월 27일
최유선 김흰샘 결혼 축시

2부

매직 아워(magic hour)

매직 아워(magic hour)

약속이란 반지를 나눠 끼고 인내라는 틈을 들여
보석을 만들고 내 절반을 내려놓고 마주 보며
흉내 낼 수 없는 닮은 듯 다름으로 원수야 악수야
하다가도 꽃이 되었다가 자기 안에 설 자리를
내주는 이타적 환대의 몸짓으로 서로 다른 우리를
펼쳐 놓고 우리는 서로를 당기는 힘이 되어
어쩌면 한줄기 작은 강처럼 흘러오면서
무수히 만난 돌멩이와 자갈들 표면을 깎아
오늘을 쪼개고 내일을 끌어다 골짜기를 메우며
구름인 듯 안개로 눈물인 듯 이슬로 바람인 듯 한
숨으로
버무린 고난의 시간들 속에서 꽃이 지는 이유도
모르고 살았네 백화점 쇼윈도에 서 있는 옷 한 벌
못 사주고 좌판에 누운 옷 한 벌 사주면서 대충 고
르라
짜증을 부려도 당신은 늘 그 자리 흔들림 없는 언덕
그 언덕에 기대고 부비며 살아온 익숙한 내공은
스치는 뜨거움보다 머무는 따스함에 이제 내 마음이 더
기운다는 것을 읽어버린 달고 뜨겁던 몸은 빠져나간

세월만큼 색은 바래고 마디마디 서걱거려도 아침이면
한 움큼 약봉지를 목구멍에 털어 넣고 언제 꺼질지
모를 잿더미 속 불씨를 헤집어 또 하루를 태우고 나면
길어진 그림자는 서녘황혼 금색 일광에 노랗게 익어
간다

백일몽(白日夢)

 밤을 지배하는 잠의 세계는 해석을 거부하는 단상들 발기한다.
 떠나온 지 반 백 년인 첫울음을 울었던 그곳의 기별들은 하늘에 뿌리를 둔, 내면에 꿈틀대는 귀소본능일까.
 어둠은 비논리적 비합리적 자전의 기억들 끌어올린다.

 아직도 탱탱한 주먹 안에 움켜쥔 욕망들이 치환되어 배달된다.
 높이 날고 싶었던 흑백 영상 속 나는 4차원 영상 속에서 날개도 없이 공중을 날아다니고 열여덟 앳된 소녀는 어느 별에서 살았는지
 그 모습 그대로인데 그리도 콩닥거리던 가슴은 뛰지 않더라만,
 낮에 눈으로 먹은 장미 한 송이가 긴 생머리를 찰랑거리며 광년의 어둠 속에서 나를 함몰시킨다.
 잊어버리지는 않았으나 잊고 있던 뭉게구름 같은 기억들 신비롭게 유폐되어 있었으나 되돌릴 수 없는 풍경 속 본능이 투영된 잠의 세계.
 풀리지 않는 물음표 하나 걸어두고 정지된 잠을 깨운다.

그녀는 아직도 어제를 산다

생은 매일 예보가 엇나가도 계산하지 않고
머리가 아닌 가슴으로 순응하는 감각적
순발력은 연약한 고갱이 같으나 늘 그 심지 안에
어릴 적 내면의 깊은 곳에 숨어서 부활을
도모하던 꿈들은 오로지 나의 꿈을 피우기 위해
반 백 년을 거름이 되어버린 그녀
얼마나 많은 시간과 공간이 찢기고
스러져 형체도 없이 사라졌던가마는
들판을 홀로 배회하던 한 점 바람마냥
울다가 웃다가 그녀의 시간은 봉인된 채
나의 푸른 하늘은 가슴에 나부끼고
기억은 늘 절뚝거리지만
마른 꽃 마냥 품고 있는 향기는 여전하다
궂은일 아픈 일 그녀의 어제는 이제
속박을 탕감받아 마땅하리
반 백 년을 한결같은 설렘으로 아직도 어제를 사는
그녀는
한 덩어리의 궁핍을 무릎에 얹어 놓고도
넉넉한 햇살에 생의 끝 맛을 노릇노릇 굽고 있다

7월

성미 급한 가을이 문고리를 잡았다가
극에 달한 양기에 화들짝 엎드렸다

발효된 뭉게구름 듬성듬성
더위 먹은 7월 하늘을 가둔다

압착된 햇빛이 눈을 부릅뜬다
선들바람이 뽀짝 와서 역성든다

차라리 계절답다고
여물기 위한 열병(熱病)이라고

계면쩍은 뭉게구름
서둘러 산개한다

숲속 초록벌레들 떼창에
생명의 깃발들 깔깔깔 손뼉 친다

얼굴 없는 악마

사이버 세상에서 색을 탐하는 뱀의 혀들과
형형색색 색들의 창고를 채집하는 천 개의
사팔뜨기 눈, 눈들. 그들은 단말마(斷末摩)의
색채를 동공의 칼로 떠서 음미하기를 좋아하는 미식가들이지.
그들의 밤은 청동거울 뒷면처럼 은밀하고도 육감적이어서 홀로 감전된 자동 점멸등 파르스름한 불빛이 새어 나오듯
금 간 시간을 깨물고 음란한 바이러스들이 하얗게 질려 실체를 드러낼 때까지 뼈와 살을 키질하고 있지.
또릿또릿 꽃망울 벙글던 장미를 안고 우는 바람아!
가슴속 꽃 무덤 허옇게 뒤집지 마라.
갈기갈기 찢긴 이파리에 향유를 퍼붓는 태양아!
벌거숭이로 광야를 건너야 할 비애를 아느냐.
능욕으로 합성된 색을 씻는 파도야!
해종일 설레고 싶어 여자는 색을 입는단다.
악마를 숨기고 인격에 암호를 설정하고
그토록 탐하던 원시의 궁금함이 이것이더냐.
인간을 둘러싼 모든 색의 연원에 가장 말단의
욕망이 지렁이처럼 비릿하게 흘러내리고 있다.

살기 위한 에너지

도망쳐야 한다.
우선 숨은 쉬어야겠다.
뼛속 깊은 곳까지 쌓인 뜨거운
마그마가 분출하기 전에.
붕괴되고 있는 마음 풀어놓고 나면
숨은 쉬어지겠지.
거기
깊은 시간의 지층에 숨어서
새로운 부활을 도모해 보자.
삶의 패배나 승리를 떠나
사람을 살게 할 수 있는
내면을 채워주는 그 어떤 희망을.

치민 울분 마른 솔잎처럼 태우고
생의 각질들 털어내다 보면
꽁꽁 언 마음 쩍 갈라지고
귀의한 발자국 같은 상실한 마음 헹궈
확보된 심리적 조망권 위에
나는 비로소 고요의 그물을 두르리.

내 인생의 그림

고난의 바람맞은 나무 좋은 소릴 내고
사막에 고난의 물 부어 단단한 길 놓는데
눈높이가 생각의 깊이로 이어지지 못하고
기준에서 벗어나 창의력도 없는 틀에 박힌
남의 그림 똑같이 그리다 시들어

그 시듦의 뒤안길에 무한한 골짜기들
남기고 삶의 궤적 이탈한 나그네
오래 쓴 안경 벗어 던질 두려움은
용기가 필요한 눈으로 나를 본다.

선입견?
인생의 무거운 짐일 뿐입니다.
강박?
불행도 삶의 일부인 것을
인생의 그림?
완벽은 없습디다.

자아의 城

삶이 시작되는 순간 나다움을 찾아 나선 여행
사람과 관계를 맺으며 가지게 되는 나는 누구인가
너 자신을 알라던
무지와 미숙을 거치면서 영역을 만들고
나만의 고유성이 정착할 즈음
세상과 일정한 거리를 두고
유유히 흐르는 강물처럼
타인과 나를 구별하려
스스로를 방어하며
더 높아지려고
더 드러내려고
더 가져보려고
쌓아온 자아의 城

형체도 없이 부는 바람처럼
마치 신비한 옷을 입은 듯
어느새 나의 정체성이 되어
나의 본령으로 자리 잡았다
나를 지키려는 울타리가 되고

나를 지배하는 욕망으로 쌓여
불처럼 활활 타오르는
아무도 침범할 수 없는 견고한 城

특수한 은총

지금 나의 믿음이 진짜인 양 살지만
곤경의 우물에 빠질 때
환경의 흙더미가 덮을 때
그 앞에 무너지면 믿음이 아니니

나를 이끄는 자아가 깨어질 때까지
고난은 변화와 창조 재생산의
특수한 은총이라네

스스로 탈피하지 못한 나방 날지 못하듯
시련 없이 온전한 인격 갖출 수 없으니
짝퉁 믿음으론 혼돈의 바벨론 넘지 못하고

고난과 시험은
믿음의 분량을 셈하는 바로미터
경건한 삶은 매 순간 고난이네

거듭남의 美

볼품없는 나무나 대리석 덩어리는
조각가의 눈과 손으로 깎아 내고 다듬어서
이상적인 美의 상품으로 거듭난다

여자는 모래시계 몸매를 위해
남자는 근육질의 초콜릿 복근을 위해

대리석도 나무도 아닌 무허가로 부풀려진
인격 오로지 자기 몸이 재료가 된다

군살 깎을 망치와 끌 대신에 눈으론 많이
입으론 적게 먹고 인격의 녹 탈탈 털어내야
이상적인 몸짱으로 거듭난다

나그네 길

인연 따라 지나가는 과정에 불과한
눈앞에 현상만이 전부라 믿으나

물을 떠난 거품도 물을 떠난 파도도
없듯 현상 떠난 실상은 하나도 없으니

기쁨도 내 몫이고 고난도 내 몫이요
한 치 앞 모르면서 백 년을 살 것처럼

재물에 집착하고 이성을 탐하고
명예를 얻으려고 발버둥 쳐본들

맛난 음식 달콤한 잠 불평도 원망도
본향을 찾아가는 나그넷길인 것을

왜? 무엇 땜에 살고 어디로 갈 것인가
해답을 찾지 못한 소망 없는 나그네

호렙산 반석에서 솟아나는 생명수로
갈한 목을 축여야 할 광야 같은 나그네여!

거미집이 둥근 이유

누에가 잣는 실은 비단으로 대접받고
거미가 뽑는 실은 가난의 상징이요 게으름의
대명사다 이슬 맺힌 거미줄 끊어질 듯 약해 보이나
강도는 강철의 다섯 배요 신축성은 고무줄의
천배로 물에 젖지 않는 새로운 바이오 소재다

거미는 십자로 실을 엮어 집 틀을 만들고
나선 모양으로 뱅글뱅글 돌려 집을 짓는다
같은 길이의 실로 둥글게 집을 지으면
사각형보다 더 넓다는 걸 어찌 알았을까

두바이 카안 타워는 307m 고층임에도
휘어진 꽈배기처럼 지었다 나선모양 설계는
거미집에서 영감 얻은 건축가의 순간 포착

무게가 고르게 분산돼 안정감이 있고 경사가
완만해 오르내리기 편한 나선모양 계단도
적은 양의 실로 최대한 넓은 집을 짓는
구조도 실속파 건축가 거미의 이론.

모기의 비밀

과학이 보이지 않던 모기의 세계까지 미지의 낱말
퍼즐을 맞추듯 신비롭고 오묘한 구조를 풀어놓았다

세로 대비 가로 비율이 월등히 큰 날개 초당
800번 파닥거림은 양력이 날개 끝까지 분산되는
힘을 얻어 빠르게 날 수 있는 비밀이 숨겨져 있었다

작은 턱수염은 15m 밖 이산화탄소를 주둥이는 30m
밖 땀 속 젖산이나 향기도 감지하는 후각기관이다
어둠 속 바람을 거슬러 지그재그로 날다가도 대상을
포착하면 직선으로 돌진하는 못 말리는 피 도둑이다

코끼리 피부도 청바지도 모기에겐 식은 죽 먹기다
두 개 톱날 침으로 피부 조직을 썰고 머리카락
천분의 일 수준의 사십여 개 이빨 달린 두 개 드릴
침은 혈관까지 구멍을 뚫어 피를 빼 먹는다

혈액 응고를 막는 히루딘과 마취성분까지 지니고
첨단 장비와 뛰어난 비행술로 자기 몸 세 배까지

피를 저장하며 한 해 70만의 목숨을 먹어 치운다

여름 불청객 피만 빠는 드라큘라라 오해하지만
사실은 신선한 이슬과 식물의 수액 꿀만 먹고 산다
다만 암컷이 회임하면 종족보존을 위한 모성에서
비롯된 목숨 건 생존 본능으로 동물의 피를 먹지만
사람이나 곤충이나 자식이 뭔지 못 말리는 모성이다

세월의 길목

아침에 눈을 뜨면 시계를 보고
시간을 좇아 세월이라 부르며
다변의 일상을 거슬러 간다.

비빌 언덕을 찾아 나선 길목에서
건달 같은 바람이 희롱한다.
간고를 겪던 모퉁이에서 만난 우연이
방향을 바꾸는 나침반이 되고
수많은 모퉁이가 도전이고 삶의 이유더라.

눈에 흙 들어가기 전엔 용서할 수 없다던
모진 미움도 어느 길목에선가 물에 약한
창호지처럼 흐물흐물 풀어지더라만.

오욕에 집착하며 참고서도 없이 섭리니
운명이니 자위하며 비로소 세월이라고
불러도 될 시간을 함께 걸어왔구나.

생활에 밑줄을 긋자

탯줄을 끊는 순간 노트는 시작되고
하루하루 겪는 일상 속에 숨어 있는
미적분을 찾아 시간여행은 시작된다

죄의식도 없이 남긴 무수한 족적들
거칠게 세 치 혀를 떠나 떠도는 말들
탐욕으로 바라본 것들에 성찰의 밑줄을 긋자

무지로 인하여 사람들 사이에 만들어진 불행
무지는 과장의 어머니다
과장으로 만들어진 왜곡에 탐구의 밑줄을 긋자

성찰과 탐구는 겸손한 용기와 삶의 윤활유다
스스로에 손뼉 치고 격려할 일들에
世昧한 인생노트에 보물의 밑줄을 긋자

고통은 확성기다

우리가 숨 쉬는 산소와 질소처럼
선악도 행복과 불행도 뒤섞여 있다

소리 지른 고통으로 자아를 발견하므로
고통은 고쳐 쓰기 위한 확성기이다

육체의 고통 양심의 고통 영혼의
고통은 창조의 능력이 숨어 있다

원인만 탓하면 창조의 능력은 없다
고통의 삶도 살아내야 할 신비는 있다

福

한 입으로 밭을 가꾼다는 의미의 福
삶의 밑바닥에서부터 조형화된 상징들
받고 누리고 타고나 심고 기르는 福
태어나 죽어서도(飮福) 달고 산다

복의 소중함을 알아(知福)
주어진 복을 아끼고(惜福)
복의 종자를 뿌려(種福)
복을 늘려나가야 함에도(陪福)

무동기 무상의 소여(所與)가 아니라
복인복과(福因福果)라는 윤리적
실천적 동기부여의 길을 터놓았음에도

물량주의만 추구하며 절대적
운명론에 붙들려 팔자타령 하지만
내가 福이 되어 흘려보내야 福이다

삶은

삶은 커다란 산입니다
반드시 내려와야 하기 때문입니다

삶은 얼룩무늬 낱말들이 엉켜 있는 국어입니다
자음과 모음으로 집을 지어야 하기 때문입니다

삶은 보태고 빼고 곱하고 나누는 산수입니다
움켜쥐어 봐도 결국 남는 게 없기 때문입니다

삶은 밟고 따라가야 하는 발자국입니다
누군가에게 길잡이가 되기 때문입니다

삶에는 아무것도 확실한 것이 없습니다
자유로움에 이유를 만들고 부여할 뿐입니다

어쩌면 달걀 꾸러미 같은 삶일지라도
종속이 싫다며 앙탈을 부리기도 합니다

분홍색 벽지에 묻은 얼룩들 지우다

삶이 닳고 닳아 가루가 되어 갑니다

그래도 삶은 내일입니다
내일은 한사코 오니까요

똥에 얽힌 아름다운 진실

아무리 똥이 촌수를 가리고 중병을 가린다지만
예쁜 것 아름다운 것에 열광하는 시대에 냄새나고
더러운 걸 굳이 들여다보는 똥 이야기다
똥만 먹고 사는 쇠똥구리도 어른이 되면
입맛이 까칠해져 따끈하고 신선한 똥만 찾는다
개미가 곁에 두고 빨아먹는 투명하고 끈적한
단물도 알고 보면 진딧물의 똥이고
느림보 나무늘보가 똥을 느리게 싸는 이유
먹은 음식 한 달이 지나서야 똥이 되기 때문이다
토끼는 처음 싼 똥이 영양 덩어리라서 다시 먹고
펭귄은 똥을 멀리 뿜어내 둥지가 깔끔하며
판다는 하루 20kg이나 많은 똥을 싼다
포식자 피하려 등에 똥 바르는 남생이잎 애벌레와
발과 다리에 똥을 눠 더위를 피하는 황새도 있다
똥으로 값비싼 루왁 커피를 만들기 위해 우리에
갇혀 사는 갈색 사향고양이의 불편한 진실까지도
제일 더럽게 치부하는 똥도 영약이 되니
똥보다 더 더러운 것은 정녕 죄 일래라

〈

섭취한 음식물 3할만 흡수되고 7할은 똥이 되어
다른 생명체와 나눔은 똥의 철학이고 개들이
사람 똥을 먹는 이유다 화학비료가 없던 시절 집
밖에 있다가도 똥이 마려우면 자기 집에 가서 눌
정도로 귀하고 가치 있는 고농도 비료였다
똥으로 작물을 키워 다시 음식물로 이어지는
생명의 순환을 통해 인류는 번성할 수 있었지만
똥이 없었다면 인류는 비만으로 멸종하고 말았을 것
산업혁명으로 똥과 작물 사이 고리가 끊겨 생태계
순환구조에 빨간불이 켜지고 버려진 똥은 환경을
오염시키며 똥 대신 뿌려지는 화학비료 인간의
건강과 생태계를 마비시키고 있다 똥은 자원과
우리 몸의 건강상태를 측정하는 바로미터 밥 잘
먹고 리듬에 맞게 하루를 잘 보내면 색깔도 곱고
냄새도 구수하고 아무렇게나 밥을 먹고 과식하면
냄새 색깔 모양 모두 엉망이 된다 자신의 건강뿐
아니라 사회와 인류문명에까지 영향을 미치는
똥을 잘 모시는 것이 어찌 작은 일이랴

어쩌면

스타도 아니고 별은 더더욱 못 달았는데도
캄캄한 실마리를 더듬는 전지적 관찰자 시점?
生과 死의 울타리도 없는 도시의 하루는
얼마나 많은 눈동자가 나를 핥고 있는지
밟지 말아야 할 선, 허공을 걷는 천 개의 눈.
그들이 눈을 부릅떠 무서워서 개처럼 짖다가
인생의 복선들 앞에서 서로가 되려는
무리가 되어 쉽게 나의 개별성을 망각한다

어쩌면 잉여가 되지 않으려고 허기진
종종걸음 코드화된 세상을 걸어갈 뿐이고
인공지능이 인간의 감정까지 지배하는
첨단을 맛보며 도구화된 삶을 살고 있다

주렁주렁 달고 다니는 크고 작은 죄까지도
어쩌면 관계란 명분으로 치부하려 들지만
흙바닥 자갈처럼 감추고 싶어도 감출 수
없는 나의 하루는 숨을 구멍조차 없으니
왜곡된 공간을 지나치며 하루를 산다는 게
어쩌면 물길을 찾아 나선 물고기와 같다

3부

아름다운 이별

아름다운 이별

어떤 실체도 존재하지 않을 것 같은
그의 가을 같은 인생의 심연에는
석류알보다 더 붉은
소리 없는 눈물자국과
비명 없는 주름을 만들고 있었다

고단한 어스름을 향한 여정에 꽃이 출렁이는
시간이기를 바람의 온기가 숨쉬기를 바랐었다

면면부절(綿綿不絕) 한 치의
벗어남도 허락하지 않는 견고한 옹벽
그것은 절대적인 고립인 동시에 밝은
존재할 수 없다는 무의식적인 당위성으로
아픈 손가락의 결핍을 채울 수 없어
천년을 쪄낸 목판 위에 經을 새기듯
가슴에 꽂혀 짐짝처럼 짓누르고 있었나 보다

다가갈 수 없는 아픈 손가락과 사이에
놓인 오작교를 건너지 못하는 몸은
불 떠난 굴뚝처럼 식어 가는데

신의 존재마저 부정하고 외면하고픈
약하지만 강한 척 세월로 세공한
모성에 천공이 생기고
하늘이 열리던 날
여보!
미안해요
나 이제 이 수고론 짐 내려놓고
아버지 품에 쉬려 하오

아!
얼마를 더 울어야
얼마를 더 시려야
그분의 숭고한 미소를 볼 수 있단 말인가

구차한 연명을 거부한
아름다운 이별 앞에
소망을 품은 씨앗 한 톨 남겨
살아 있는 자의 몫으로 슬픔의 악보를 옮기고
꽃길을 가시도록 그윽한 햇빛을 들여놓는다

시론

　詩는 정신의 표현인가 언어적 구성물인가? 보들레르는 일시적인 것에서 영원을 바라보는 일이라던데. 뇌수를 짜 먹고 뼈를 과 먹어야 세상에 나온다는 시어들의 줄서기는 방구석에 틀어박혀 책만 읽는다고 시어들이 줄 서는 게 아니고 밖에 나가 비릿한 공기도 좀 읽어야 하고 바람은 어디서 부는지 세상은 어디로 가는지 사람들의 휴~우 언어에 돋보기로 담뱃불도 붙여 보고 응어리도 만져주고 찌꺼기를 씻어내어 평정을 회복시킬 묘약을 지어야지. 詩는 육체를 입은 정신 같은 존재라서 마음의 평정보다는 갈등과 긴장 속에서 시대와의 불화 속에서 탄생한다고 하더라만 그래서 시인은 올곧은 정신으로 언어를 쪼고 갈아 타시락거리는 삶의 불화까지도 조화를 이루도록 세공하고 때론 일상적 언어를 파괴해서 상상력의 세계로 이끌어 과학에서 벗어난 미적진리를 추구한다는 걸 보여주는 매개체가 되는 거지 가령 능금이라고도 불리는 沙果와 다툼으로 열린 추상적 謝過를 동일 선상에 놓고 말놀이를 한다든지 뭐 그리고 1톤의 소금을 함께 핥아먹어야 그 사람을 알 수 있다고 하듯 누군가의 감동만 의식해 시를 쓰는 게 아니라 자신을 채워 나간다는 마음으로 써야 詩가 날개를 달 수 있다는 말이기도 해. 그래서 대상을 바라보는 시선은 선량하고 맑고 깊어야 하고 언어는 아름답고 몽글어야 된다는 거지. 오리 다리가 짧다고 학의 긴 다리를 잘라 오리 다리에 붙일 수 없듯 감각이 다다를 수 없는 것에서 시작하여 보고 느낄 수 없는 것에 이르러 문장을 닫아야 감동을 주고 생명을 얻는 시랄 수 있지. 그래서 詩는 언어의 집짓기라고도 하잖아. 시 한 편은 함께 살아가고 있음을 확인하려는 몸짓이고 인사말로써 쓴 사람은 대답 대신 모두의 귀에 메아리 되어 남는다는 것을 알기에 그래서 문학은 살아 있는 사람들의 용긴 없는 안부전화 같은 것이지. 문학이란 자기 실천의 원리가 기본 틀을 구성하도록 설계되어야 하기에.

그러하더라도

간구한 것들 다소 더디 옴은
나 감당 못할 짐이었기에
설령 주시지 않더라도
아마 피해 가는 길이었기에
그러하더라도
내 형편과 처지를 아시오니
이 은혜가 족합니다

내가 거짓되고 헛된 것들에
마음이 끌리어 역경 중에
내 손과 발이 거기 있어
오로지 근심과 걱정뿐이나
그러하더라도
내 때가 주의 손에 있사오니
이 은혜가 족합니다

육신의 연약함으로 인하여
부질없는 것들에 매달려
녹슬고 찌그러진 깡통

사람들의 우셋거리가 되고
그러하더라도
천하보다 더 귀히 여기시니
이 은혜가 족합니다

피 값으로 나의 생명을 사신
종이 된 신분을 망각하고
내가 나의 주인이 되어
주인의 뜻대로 살지 못하나
그러하더라도
나의 구원의 방벽 되시오니
이 은혜가 족합니다

다리로 사는 법

동물의 다리는 땅 딛고 움직이는 것
말고도 걷고 달리고 뛰고 파고 차고
잡고 자르고 때론 더듬이도 된다
영장류는 손과 발이 각각이나
포유류는 손이 없어 다리로만 살아간다

머리에 다리 달린 문어 오징어는 두족류(頭足類)
다리 대신 배로 걷는 달팽이는 복족류(腹足類)
몸 전체가 마디인 거미 게 새우 지네는 다족류(多足類)
도끼모양 근육질 다리 껍데기 밖으로 내밀어 모래나
땅을 파고 기어 다니는 조개류는 부족류(斧足類)다

물 위를 쑥쑥 걷는 소금쟁이는 예수의 사도요
메뚜기와 벼룩은 국가대표급 뜀뛰기 선수다
수달과 오리는 물갈퀴다리로 헤엄치는 잠수부요
날다람쥐 다리는 활공하는 낙하산이요 최첨단
박쥐다리 낮엔 천장 딛고 물구나무 밤엔 협곡비행

게 가재 랍스터 집게발은 최강의 절삭기요

호랑이나 독수리 다리는 상대의 살가죽을 찢으며
꽃가루를 운반하는 꿀벌다리 생명을 키운다
아이아이원숭이 나무를 탁탁 두드려 벌레를 찾아 먹고
물떼새는 갯벌을 찰방찰방 두드려 먹이를 구하며
육중한 코끼리다리 시오리 밖 동료와 교신을 한다

생태계 수호자를 위하여

한 쌍의 겹눈은 시각 기관 세 개의 홑눈으로
빛과 어둠을 구분하며 방향을 감지하고
철저하게 역할 분담을 하는 사회성곤충이다

배마디서 나오는 밀랍으로 육각형 집을 짓고
1mm부터 7cm까지 온 누리에 수만 종이
인간과 떼려야 뗄 수 없는 관계로 살고 있다

일본꿀벌은 요리사다 자기에게 해를
끼칠 말벌을 보면 주변을 빙 둘러싸고
몸에서 나는 열로 말벌을 익혀버린다

식물과 꽃들을 수정 시켜 열매를 맺게 하는 벌들
사라지면 입에 풀칠이나 할 수 있을까 과일과
채소도 사라져 식탁엔 빵만 오를지도 모르겠다

봄에는 샤프란과 눈풀꽃과 붓꽃을
여름에는 라벤더와 박하와 수레국화 향이
짙은 꽃을 심어 벌들 살 환경을 만들고

〈
가을에는 해바라기 세둠 담쟁이덩굴
민들레와 토끼풀 같은 들꽃도 가꾸자
정원이 좀 푸서리해도 그냥 내버려 두자

오과지자(五過之疵)

관(官)
위세에 눌려 두려워하고
법집행에 눈치 보며
알아서 눈감아 준다

반(反)
잘해준 사람 잘못은 덮어주고
미운 놈은 없는 죄도 만들어 씌우고
받은 대로 되갚아준다

내(內)
여자의 사사로운 정에 끌려
안면에 구애되나 흔들린
마음이 청탁을 덥석 문다

화(貨)
뇌물의 달콤한 맛은
죄 없는 사람 얽어매고
죄지은 자를 풀어준다

래(來)
이권으로 희롱하고 권력으로
회유하고 이런저런 인연
걸어 간청하러 찾아온다

금세기에도 오과(五過)는
공정을 왜곡하는 병폐로 죄를
높이고 낮추며 여전히 살아 있다

*서경(書經) / 주서(周書) / 29장 여형(呂刑) 16절 인용

10월

만삭이 고고하다
완성이고 해산이고 겸손이다

색을 먹은 골골마다
붉은 울음 울컥울컥 쏟아낸다

사람은 훔치고
다람쥐는 감추고

누드로 줄줄이 매달린 감들은
하얀 분 바르고 미라를 꿈꾸고 있다

고개 숙인 알들 다 털렸다
하늘은 새파랗게 질려 높이 올랐다

로데오 밀밭

로데오 거리
자본의 거만한 폭력 앞에 뭇매 맞은 청춘들
그들에겐 날개보다 밀밭이다
구새 먹은 하루를 풀어놓을 문화를 원했다

푸르고 비릿한 꿈과 사랑 하루쯤 부재면 어떠랴
시선 따윈 아랑곳없는 갓 청춘도 바람 든 무 속 같은
마음 채워지지 않는 젊은 오빠도 몸에 붙은 일상들
탈탈 털어내고 내일을 위해 오늘을 조작한다

치열했던 세속 잡사들에 대하여
의식 없이 다가오던 뾰족한 시선들에 대하여
해종일 희롱당한 삶에 대하여
청춘의 느린 시간표에 대하여

연신내역 로데오 거리에 어둠이 내리면 식객
아닌 주객들 밀밭 허공 한 편에 좌판을 펴고
쏟아내는 모음과 자음 거품 물고 둥둥 떠다닌다
옭아맨 고단이 슬슬 풀려 방전된 심신 충전 중이다

그 죽집

꼭꼭 숨겨진 우주의 향,
고요 속으로 투신하고 싶어지는
원시의 궁금함.

마른침 꼴딱 삼키고
탱탱 부어오른 태초의 뜨거움 앞에
무릎 꿇고
코 박고
한 입 베어 물고
앗! 뜨거
진저리친다.

피오르 골짜기
너울을 타던 카멜레온의 혀.

아!
그만 삼켜 버릴까?
풍덩 빠져버릴까?

〈
입적도 못 하고 투신할
옹심이들 조급증하고는.

밤꽃들 수런대는
숲정골 그 죽집.

널뛰는 집들

부동의 자세로 공간을 차지하고
문서로 존재를 드러내는
자연과 인간이 만든 공간
동굴에서 움막으로 진화하며
누구에겐 욕망의 피라미드
누구에겐 절망의 사다리

잠자고 밥 먹고 꿈을 꾸던 보금자리가
강·강·송·서~ 억·억·억
지역 따라 브랜드 되어 널뛰기한다.
노·도·강, 마·용·성~ 억·억·억
투기의 아이콘 되어 널뛰기한다.

신분 상승 엿보던 발목 시린 식객들
높은 지붕 뾰족한 모서리에 비틀거리고
출구 잃은 맹모는 기약 없는
어둠의 집을 또 지어야 한다.

살다가는 공간이고 거래하는 상품을

공간으로만 인식하는 외눈박이 정책이
시장의 역공으로 집들은 부끄러운 땀 흘려
까치발을 딛고 서서 키 재기에 여념 없다.

민심이 가출하면

 백성은 숨이 가빠할 때 임금님은 태평성대만 읊조리더니
 민심은 제 발로 가출하고 자기네가 판 위선이란 구덩이에 세도(世道)가 빠졌지만 궁인(宮人)들은 민심을 도둑맞았다며
 부산을 떨고 있다
 보편적 진리가 최상의 항체인 줄도 모르고 일백일흔여섯 개 법을 낳는 입들과 궁인들은 겹겹이 내화벽(耐火壁)을 쌓고
 기울어진 경기장에 한 팀은 열 한명 한 팀은 가재까지 열두 명이 뛰는 축구 게임을 하고 있다
 마지막까지 임금님을 지킬 민심은 임금님의 갑옷이지
 민심은 은혜인데 간신이 쥐 떼처럼 나라의 곳간을 갉아 복지라고 생색내도 민심이 역류하여 민심이 가출하면
 의금부 백 개를 만들어도 임금님 갑옷도 수의(囚衣)에 불과할 터 역사의 보복은 벌거벗겨 되풀이되더라만.

거울

주관적 감정의 찌꺼기가 먼지처럼
부유하지 않는 명징한 무한의 空
어떤 실체도 존재하지 않는 정신적 내면

인위적으로 왜곡하거나 과장하지 않고
모습 그대로 인정하고 보여준다

고요만이 능히 다른 것을 고요케 하며
그쳐 있는 물처럼 고요하다면
사람들은 그를 거울삼아 모여들 것이다

깨끗하고 허령한 마음을 은유하는
흐르는 물이 아닌 멈추어 있는 물

문과 구멍 사이

밖으로 열려 있는 문과
안으로 뚫려 있는 구멍
밖과 안이 무너졌다

닫어!
글쎄 문 닫으라고
구멍이 문에게 소리친다

안 돼!
우린 친구잖아
친구가 어려울 땐 도와야지

밀려오는 먹구름은
지나가는 소나기야
우산은 안 써도 돼

헉!
大口가 알을 토했다~
大口가 알을 토했어~

형제 江

삿갓을 눌러쓰고 초야에 파묻혀서 둥지를 요량이면
아서라 내려놓고 어머니 품속같은 형제강 발원하여
형아야 내아우야 멈춰선 시간들과 앙금들 멱을감자
소원한 가슴속에 기역자 손가락을 알콜로 씻어내고
곡주로 우린다만 우리고 씻어내다 훅하고 십년이다
마음에 그려놓은 그리움 떠올리며 속울음 울거면서
아무리 움켜봐도 남는건 손금이라 날밤을 구워가며
보태고 덜어내고 곱하고 나눠봐도 니뽈은 개뽈이요
내뽈은 염불인데 형제강 나룻터엔 빈배만 요란하다

소멸과 증가

인간과 사물이 누리던 찬란했던 한때도
흩어지고 사라지고 잊혀간다 소멸이란
두려운 단어가 지방과 농촌에 재앙으로
드리웠다 도시 인구는 증가 농촌 인구는
소멸 점점 빠르게 다가오는 소멸 위험군

증가는 에너지를 발산하고 지구상에
존재했던 생물들 죽음으로 내몰아 많은
것들 사라지게 하고 한정된 공간에서
다른 개체들 서식지를 빼앗는 환경
파괴는 곧 자신에게 총부리를 겨누는 일

산업화의 단맛에 취한 가임여성들
그들의 욕구에 속절없는 청춘들
모순된 도시에선 흥정조차 어렵다
다문화 국제결혼 지구촌이 사돈인데
한반도에 이념과 휴전선 언제쯤 소멸하나

하나의 생물종이 20분마다 소멸하고

물을 함부로 낭비한 대가는 신화 속
시지프스의 저주를 앞당기고 인간이
개입된 환경 소멸과 증가의 과정일 뿐
생태계 일원인 인간 지구를 바꿀 수 없다

연희

연꽃을 품었다
흔들리는 사람의 마음도
고요케 하는 그대

끝없는 불화를 확인하며
조화를 꿈꾸고
모순과 부정을 극복할 정신으로
주변을 탓하지 않고
탁한 물속에 몸 담그고
연하고 부드럽지만
쉬 꺾이지 않는 도저(到底)함으로

똑같은 세월을 먹은 몸
청춘의 느린 시간표는
그대의 꽃밭을 기어 다녔는가?
그대 곁에 시간의 물방울들
해찰하며 흘러 흘러갔는가?

심연에서 우아하게 드러내는 좀

젖 물리던 분신
연지곤지 찍어 보내도록
그대는 어느 별에서 숨 쉬다 왔누?

판을 엎는 시행사

구백서른한 번이나 영토를 짓밟히고
식민 36년 억압과 속박도 빼앗지 못한 자유를
지켜낸 저력은 열강이 우러르고
빼앗고 지키려는 자 겨레의 총구 앞에
지구촌 4만 667송이 여린 꽃들이 피 흘려 지킨 자유는
동방의 아침에 번영의 꽃으로 부활하였네.
그 번영의 토대 위에 일만 일천 소리를 표현하는
문자로 아이티 강국이 되어 문화를 수출하고
지구촌 구석구석 봉사로 화답하는 국격을 갖췄다만

개발도상국이라는 남루한 옷을 벗은 지
얼마나 되었다고 몸에 맞지도 않는 옷을 입고
머리에 핵을 이고도 헛기침이나 해대며
눈에 보이는 현상을 무시하고 뜬구름만 쫒는구나.

모두가 용이 될 필요는 없으니 가붕개로 살라며
거대한 시행사가 적폐라는 딱지를 붙여 판을 엎고
파이의 크기를 과장하여 나눠 먹자며 홀려 그것이
복지인 양 착각한 민초들은 반거충이가 되는구나.

〈
개혁이라는 이름으로 공정과 정의를 희롱하고
앵벌이로 내몰아 위안부 할머니의 등골을 **빼먹으며**
발가벗겨진 진보의 성 의식은 여성운동장에 가둬놓고
진보를 참칭한 업자들의 놀이터가 되고
가치를 팽개친 패거리들의 잔치판이 되었거늘
세상을 흑백으로만 덧칠하려는 어리석음이
법대로 못하면 글쎄 문 닫으면 그만이라는데
내로남불 우리말이 뜬금없이 세계 공통어가 되었더라.

백합꽃 수난

 자화상을 오롯이 지키고자 모순된 외형상 도덕적 순결로 포장하려 들지만 삶은 누가 대신 살아주지 않으며 삶은 덤도 없다. 삶에서 누는 똥은 삶에서 녹지 지구 밖으로 버려지지 않는다. 폐하의 총애를 받던 귀근(貴近)도 무리에 속하면 쉽게 자아를 망각하는 것인가? 세상은 선과 악이 얽혀 타자를 쉽게 판단할 수 없다지만 보들레르와 베를렌을 읊조리던 서정의 심미안에 얼룩무늬 밑줄들이 웅크리고 있을 줄이야.
 거시(巨視)를 다루면서 자신의 미시(微視)를 들여다보지 못한 생의 줄거리가 마치 허공에 집을 지은 것 같습니다. 한때는 차별의 아픔으로 눈물짓던 여인들의 대모라 불리며 여성운동의 순정으로 여겨 칼집을 자처하며 추종하던 많은 이들 마음엔 빨간약이자 은장도였답니다. 진실을 집어삼켜 핑계들만 웃자란 입으로 사법 정의는 죽었노라고, 글쎄 나는 손도 안 대고 코만 풀었노라고 몽니를 부려 순결을 앞세운 백합꽃 아름 안고 하늘을 가린들 빵 한 조각에 울고 웃으며 굴곡진 궤적(軌跡)을 그리며 들러리 섰던 이들 무너지는 무릎 처연한 눈물로 시선을 비켜나간 투명한 진실이 안쪽의 왜곡된 치부나 핥고 있습니다.

빗나간 일편단심

청지기 曰
개야 개야 컹컹 짖지 마라
주인님 전전반측(輾轉反側) 동창이 밝아 올라
집이나 잘 지키지 안방은 왜 넘보냐
김칫국은커녕 냄새도 맡지 마라
주인님 수라상은 무오류 섞어찌개다
주인님이 기둥을 뽑든 벽을 헐든
구들을 파던 간섭이 주제넘다
주인님 호위무사 복심으로 세웠으면
의식만 갖추랬지 주인행세 하라더냐
선 밥이라도 앉아서 먹을 양이면
알아도 모른 척 듣고도 못 들은 척
꼬리도 치지 말고 선은 더욱 넘지 마라
쥐구멍 울음소리 산천의 메아리 된다
담장 밖 쑥덕공론 주인님 들으실라
철문을 굳게 닫고 주인님 지켜야 한다
마차가 말을 끌어도 세상은 굴러가고
횃불
우리에겐 횃불이란 변주곡도 있잖느냐.

곧지 못한 말에서 나는 냄새

 사람의 운명과 생사를 좌우하기도 한다는 말(言)에는 영묘한 힘이 있어 세 치 혀로 모든 화복(禍福)을 부른다. 같은 소리로 공유하면서 생명을 얻는 말(言)이 그 사회의 사람들 사이에 거멀못이 되어 의사를 표현하는 수단이면서 상상을 초월할 힘을 담고 있다면 곧지 못한 말로 인해 세상은 혼란을 입고 허구 논리가 체제를 구축하면 본연의 사회는 훼손되고 파괴된다. 굽은 말로 가슴에 못을 박고 독사의 혓바닥이 얇은 귓속을 핥고 파고들어 호불호 감정에 빠지면 위세로 파괴한 법치까지 개혁으로 포장하여 선출된 권력이 주인이 되어 너 죽을래? 설도(舌刀)를 번뜩인다.
 어쩌다 잠룡반열에 얼비춘 희미한 그림자가 욕심을 불러 문장으로도 성립이 안 될 비문으로 지지층에 존재감을 어필하지만 악취만 풍겨 대상 세계와 공감하지 못하고 귀만 조롱할 뿐. 굽은(枉) 간신의 혀는 직언하지 못하므로 굽은 말은 게걸음으로 이어진다. 지도자를 꿈꾸며 본질에 어긋난 말을 하는 것은 아첨을 위해 똥 맛까지 보겠다는 상분지도(嘗糞之徒)에 다름 아닌 말재주나 부리는 세객(說客)답다.

4부

바흐의 현을 타고

바흐의 현(絃)을 타고

너나 나나 밥숟가락 하나 덜겠다고 내몰린 인생.
하늘은 왜 푸른지 바람은 어디서 오는지도 모른 채
친구라는 주머니에 담겨져 반백년지기가 되었구나.

나침반도 없는 발목 시린 무전여행.
가공할 자본의 폭력 앞에 뭇매를 맞아가며
부르튼 발자국을 찍어내던 옹이 박힌 시간들은
물먹은 솜뭉치처럼 무거운 보따리였다.

피땀으로 일군 것들 인연으로 맺은 것들
신이 주신 선물인데 내 것인 양 착복하고
부질없이 집착하고 백 년이나 살 것처럼
호기(豪氣)만 부리다가
생의 분통들 혈기대로 엎질러버리고
허울뿐인 공소(空巢)만 덩그러니 남겨 둔 채
거두어갈 형해(型骸)만 남아 있을 뿐이다.

점철된 희로애락 소설 같은 단락들.
녹진里에 집 짓고 되새김질한다더니

구부리고 구부려서 다듬어 놓은 내일은 차압당한 채
물 한 모금 넘기기가 그리도 힘겨워서
속절없이 무너지는 눈꺼풀 제아무리 치켜 봐도
혀에 담는 말이라곤 옹알이가 되었더라.
너와 나의 하늘은 아직도 푸르건만
서슬 퍼렇던 너의 시간은 봉인된 채
바람의 방향만 찾고 있구나.

슬펐던 행복도 못다 한 사랑도 다 지나가고
어둠이 내린 본향 가는 길목에서
바흐의 현(絃)을 타고 휴면하는 고단한 육신.
바람에 실려 가는 홀씨치럼
시간 밖 푸른 하늘을
날아라. 훨훨~
훨훨~ 날아라.

(2019년 9월 19일 50년 지기 靈前에)

깨복쟁이 동창회

한때 한량처럼 화사한 햇빛 한 짐 지고
한 비에 한 싹이 열리는 계절을 살았건만

붉으락푸르락하던 소가지마저 빠져나간
헐렁한 깨복쟁이들 졸음 고인 눈꺼풀 비벼가며

끌고 온 여정 한 보따리 풀어놓고
가팔랐던 생의 층계 오르락내리락

취기 어린 바람 일렁이는 적막 속에
후줄근한 추억을 빨아 널고 있다

긴 치마에 자애로운 어머니로만 살았구나
크고 작은 웅덩이들 메꾸며 험한 냇가를 건넜구나

배당된 몫을 살아낸 흔적들이 회한으로 묻어나고
이슥토록 그 눈에선 별빛 사리가 쏟아지고 있다

기울어진 존재

오래된 어제의
욕구와 충동은 붉은빛이었다
그 찬란한 붉은 빛 때론
실패와 좌절에 내어 주기도 했지.
불안은 현실이 되고
어떤 불안은 먼지로 쌓여
존재를 괴롭혔어.
그림자조차 짙던 젊은 날 붉은 빛도
영원하지가 않더라만
감추고 싶어도
감출 수 없는 세월을 찍어내고
독한 시간을 담아내던
5번과 6번 뼈가 기울어 석양을 만났다.
통증의 내력이 새겨진 완성의 길로
쉼 없이 걸어가는 기울어진 존재
허물어져 가는 것들로
채색되지 않으려는 몸부림이
어스름을 어루만진다.
어둠을 박차고 비상할 몸.

메이크업

 인류는 부족의 보호 방위(防衛) 수단으로 색(色)을 쓰고 육체의 피부표면을 미화하는 장신수단으로 색(色)을 입고 시대와 민족의 요청에 따라 이상미(理想美)로 진화하면서 성별 사회적 지위와 계급을 대변하며 화장과 의복 사이 역할상의 치환과 개념상 분화가 시작되었다
 얼굴 윤곽을 강조하거나 적절한 피부색으로 변형하는 특유의 풍습으로 외모를 정돈하고 신체적 결함을 눈을 속여 감추고 특수한 형상을 도출하기도 하며
 현실보다 흥미진진하고 매력적인 세계로 안내하거나
 미적 성적 본능을 만족시키며 특정한 배역으로
 전환시켜 현실에서 불가능한 인물을 창조하여
 육체의 표면적 변형이나 미화하는 장신수단이 때론
 괴물을 만들기도 하고
 엉뚱한 인물을 연출하여 세상이 원하는 물건으로 나를 바꾸기도 한다
 새롭게 호명된 존재는 각질화된 일상을 깨뜨리고
 허기진 내적 충족의 발로(發露)인 수정 메이크업은
 태생적 능력을 초월한 변신을 추구하는 마술이다

빨간 립스틱 뒤에 숨은 입술은 궤변도 속언도 거침이 없고 맞지 않는 틀니처럼 생경한 변신을 지우면 관계 속 누군가의 쉼이 되련만 푸른곰팡이 포자 번지듯 끝없는 욕망이 지배하는 본성을 벗어나려면 원초적 색을 입어서라도 변화를 일으킬 수 있다면 메이크업은 무죄다

물아! 물아!

바람이 구름을 일으켜 펴니 구름은 작은 물방울들 내 생명을 잇고 대기권을 떠도는 오욕(五欲)의 부유물들 끌어안고 대지에 널브러진 신음과 누더기들 쓸어 담아 도랑을 이룬다.
골골마다 흙탕물 세제를 푸는 오폐수 뒤집어쓴 채 흘러 크고 작은 돌멩이와 자갈들 찌든 때를 씻기고 물고기들 춤사위 벗하며 수초들 어루만져 미생물들 배 불리다 보면
협곡을 지날 때 옆구리 들이받아 거품 물고 가쁜 숨 몰아쉰다.
보라!
물은 생명을 잇는데 우린 물에게 뭘 할 수 있으랴
겸손한 물은
협곡과 자갈과 수초들 천연정수기 삼아
불순물 여과하고 이물질을 세척하여
원시적 충일한 생명수로 흘러가면서 지표면의 형태까지 바꾸는 영력(營力)으로 단단한 지표의 암석을 파고들어 토양을 만든다.
물아! 물아!

너에 대한 이로움도 두려움도 내색하지 못한다만
너는 인간이 시작한 곳이며 다시 돌아갈 곳이다.
물아! 물아!
너의 속은 천 길이니, 만 길이니.
밤과 낮이 끝날 때까지 오로지 생명을 다스리고
낮아지고 또 낮아져 비로소 석양이 누운
큰 강에 몸을 섞는 어머니 같은 물
인간이 나고 짐과 무엇이 다르랴.

세월

세월은 나에게
부여한 시간 먹어가면서
나를 키워간다

나 원치 않았더라도 태어나
풍진세상
어느 하구에서 철썩이다가

생의 옹이로 박힌 내력들
창밖에서
베인 상처 닦아내는 소릴 들었다

성깔마저 푸를 때
내 주변 어슬렁거리던
그 편린들의.

흔적

내 어머니 기다림이 매달려 있는 곳
기억은 늘 절뚝거리지만 마른 꽃처럼
품고 있는 향기는 여전히 코끝을 맴돌고
당신의 눈빛이 안개로 묻어납니다.
금 간 흔적들 더듬어 꼬신내 나던 시간을 깨물고
머물다 간 발자국 따라 흔적을 더듬어 보아도
당신 떠난 자리엔 흰 그늘만 두꺼워졌네요.
강은 강끼리 질펀하게 어울려
엎치락뒤치락 흘러가는데
새는 새끼리 흔적을 지우며
허공을 날아오르고
나는 기억 저편 흔적이 되어
무덤덤 서 있고
바람이 설레니 구름마저 덩달아 서들 댄다.

수청목(水靑木)

높은 키에 회갈색 피부 온몸 여기저기 불규칙한
잿빛 가로무늬붕대 감은 모습이 흡사 외과병동이다

작은 달걀 모양 다섯 장 홀수 잎들로 구성된
하나의 잎들로 계곡을 달구는 햇볕 사이 차일을 친다

잠자리가 떼로 매달린 듯 손가락 마디처럼 긴
열매는 9월이면 붉게 익어 고추잠자리 떼가 된다

껍질 태운 재로 색을 내 승려복을 만들고 곧은
몸은 질기고 잘 휘어 목재와 도리깨 재료로 내주고

뛰어난 탄성 덕에 고급 가구로 숨 쉬고 야구방망이와
테니스 채가 되어 치고 맞고 그라운드를 뛰어다닌다

가지 잘라 물에 흔들면 잉크 물이 된다 하여 붙여진
이름 맹아력(萌芽力)도 왕성한 물푸레나무로세

구비(口碑)

신분제 굴레에 갇혀
살던 민중들의 향수가 깃든……

옛날 옛적에
호랑이 담배 피우던 시절에……

눈 내리는 겨울밤 화롯불
재를 뒤척이며 할머니가 들려주시던……

겨레의 삶과 슬기 눈물과 웃음
허다한 이야기들 잠자고 있다

말(言)에 새긴 비석들 일으키고
깨워서 세상에 돌아다니게 하자

동청(凍靑)

멀리서 보면 영락없는 까치집이다.
모양은 풀 같지만 한겨울 가지만 남은
나무 위 그 자태가 가히 상록이다.

세상에 공짜는 없는 법. 새들도 밥값을 톡톡히
한다. 새들이 숨넘어가게 좋아하는 끈적끈적
말랑한 육질 속 파란 씨앗 배불리 먹은 새들의
배설을 통해 발아하는 기생성(寄生性)이다.

자기 잇속만 챙기는 사람을 얌체라 한다.
탁란하는 뻐꾸기는 새 나라의 얌체다.
겨우살이는 나무나라 얌체다.
탁란 같은 색다른 기생도 있다.
개미와 무당벌레는 공생일까 기생일까
버섯도 공생인지 기생인지 헷갈린다.

어미나무는 원치 않는 입양으로 젖을 먹여
키우려니 분통 터질 노릇이지만, 겨우살이는
사시사철 놀아도 물과 양식 걱정 없이

그네 타는 어린아이처럼 마냥 즐겁다.

기생이란 굴레를 벗을 순 없지만 벌거벗은
겨울 산에 푸르른 생명체, 인간의 항암제로
몸을 내주려 공생으로 살아가는 나무나라
얌체, 겨우살이의 눈물겨운 이력이다.

생태계 파수꾼의 꿈

열대와 아열대 갯벌이나 하구 척박한
환경에서 줄기와 뿌리에 숨구멍이 송송 난
문어다리 같은 뿌리를 담그고 물 밖에서
숨을 쉬며 집단으로 살아가는 이름도
생소한 탄소 먹는 하마 맹그로브

짜디짠 물 쓰나미와 거친 파도 살기
어려운 환경에서 인간이 만든 온난화의
파수꾼으로 해일 막는 천연방파제로
뿌리로 만든 어부림(魚付林) 큰 그늘엔
이끼 조개 물고기들 살기 좋아

짙고 반짝반짝한 잎 아래 줄기가 길고
넓은 붉은색 뿌리와 잇대어 마치 줄기가
없는 듯 보이고 뿌리는 수염 난 나무
같기도 하지만 기다란 새끼를 낳아
떨궈 번식하는 태생적 목본식물

맹그로브 왈!

성형을 하던 인공수정을 하던 목화
할아버지를 부르던 강냉이 박사를 보내던
의료선진 아이티 강국 대한민국에
이 몸도 영주권 좀 주면 안 될까요?

목이 곧은 백성

땅은 건건하고 그 잎은 비록 청청하나
만물보다 거짓되고 부패한 건 마음이라

교만의 목걸이와 강포의 옷을 입고
목을 곧게 하여 듣지 아니하니

소망 없는 살찜으로 눈은 솟아나고
경건의 모양만 있고 경건의 능력은 없도다

끊임없이 악을 즐겨 이종격투기
같은 좀 더 자극적인 것만 추구한다

불의로 치부하는 자는 자고새가
낳지 아니한 알을 품음 같아서

말년이 오기 전 그것이 떠날 것이며
마침내 그가 어리석은 자가 되리라

거룩한 영향력

아버지가 신 포도를 먹었는데
아들의 이가 시다함은 어쩜이냐

앞으로 나아가려 할 때
바람은 꼭 앞에서 불더라

미래를 향한 꿈
환경에 주눅 들고 매몰되나

환경이 앞날을 결정짓지 못하고
나의 한계도 마음에서 결정하네

자신을 숨기고 남 탓하는 변명보다
내 안에 나 만져 회복이 필요하네

죄의 영향력은 삼사 대에 이르나
거룩한 영향력은 천대가 복을 받네

*겔18:1~5

액세서리로 전락한 정의

부조리한 현실에 맞서 지성의
역할을 하겠다고 일상적 용어도 아닌
앙가주망(engagement)을 던져 놓고
누릴 건 다 누리고 챙길 건 다 챙긴
허울만 뒤집어쓴 귀족이었네
사람에게는 사람만이 유일한 희망인데
지도자에 따라 국민은 별미의 고통도
공기처럼 마셔야 하는구나

수단으로 목적을 달성하고자
인격체가 아닌 자화상을 지켜내고자
평등을 가장해 창의를 말살하며
정의롭다는 목적을 위해
부정한 수단을 동원한 찬스에
불공정에 밀려난 분노가 강을 이루고

감자와 고구마의 차이도
공정을 담보한 경쟁의 가치도
외형상 도덕적 순결로 포장되고

뱀이 자기 꼬리를 문 모순답게
자신의 속성을 망각한 거짓은
집단적 거짓으로 떼 창이 되어
환호에 취한 무리와 춤을 추더라

입으로는 푸른 초원을 노래하는데
야수의 눈은 초원을 뛰노는 사슴만 쫓으니
불가역적 보상심리는 권력의 휘파람 소리에
도취되어 거친 들판에서 외쳤던 정의는
한낱 액세서리로 전락하고 천지개벽이라도
할 것 같던 가을은 답답한 분노로 깊어간다
푸르던 잎새도 물들면 띨구너라난.

소花의 일생

하룻밤 성은 입어 빈의 반열에 올라
콩닥콩닥 뛰던 핑크빛 가슴에
빛은 멈추고 어둠이 몰려와
후미진 담장 밖 내몰려
하염없이 눈물만 흘리다가 스러져간 소화의
한으로 피맺힌 흡착근이 담장을 타고 올라
기다림의 가지 뻗어 목을 빼고 내다본다.
시샘과 음모로 막힌 담을 뚫고 행여
오시는 발자국 소리라도 들릴까
넓게 벌린 귀를 쫑긋 세웠다
한여름 담장을 휘어감은 소화는
내일이면 오실까
키 발을 딛고 서서 긴장하던 설렘도
서성이던 그리움도 시름만 깊어
응어리진 그 꽃잎 시들기도 전에
피 철철 흘리며
툭~

그의 입술이 리드(reed)를 만나면

목관이면서 황금색 치장을 하고
구부러진 목으로 입을 크게 벌려
몸치도 영혼도 춤추게 하고

결핍으로 방황하던 청춘시절
가슴에 묻어둔 옛이야기 끄집어내
끈적한 울림으로 재편집한다.

그의 입술이 리드를 만나면 여름에도
하얀 눈이 펑펑 내리고 쓸쓸한 바람이
불었다가 후드득 소낙비도 내렸다가
아픔마저 함께 앓고 싶은 황금나팔

인생은 고난의 행군이지만 그래도
세상은 살만하다고 삶은 끊임없이
조율하는 거라고 불화와 조화 사이
애틋한 흑백 풍경들 나팔에 담아낸다.

*리드(reed) : 악기에 부착 시켜 그 진동으로 음을 내는 혀 모양의 작고 얇은 조각

구(口)

음성기관
소화기관

공감이 되면 입
비감이면 주둥이와 아가리

화복이 나오는 문
재앙을 부르는 문

무거우면 금 가벼우면 화(禍)
담는 대로 씨가 되는 밭

어머니 속

어머니 속은 숯 검댕이
아버지 속은 썩어 문드러질 포댓자루

어머니 속은
쓸개를 빼놓고도 태평양이고
유리알 같아
탈탈 털려 푸대접받고
꽁꽁 숨겨 속앓이하고

속울음을 삼키며
비명 없는 주름이 만들어지고

겉과 속이 다르고 웃으면서 터져도
달디단 연분홍 속 꽁꽁 숨기고 산다

민심을 닮은 水心

순리에 순응하는 생명의 리듬으로
자연의 흐름에 맞춰 살아야 한다고 경을 읽어
자유롭게 미래를 향해 흘러가면서
역사를 고스란히 기억하는 물은
재주복주(載舟覆舟) 하면서 속내를 드러내니
양 같은 궐기는 민심을 닮았더라.

장엄한 드라마를 연출하는 물은
태평성대엔 영혼이 바라는 대로
흘러 흘러 지구를 순환하다가
우주로 되돌아가는 수심도 당신의 인생도
아랫물이 흐린 것은 두말할 것 없이
윗물에서 비롯되거늘

지금은 너희가 이긴 것 같으나
악을 도모하는 자들이 만든 어둠의 강
그 강에 발 담그지 마라
속히 피 흘림이 있을까 하노라

〈
위선의 웅덩이에서 썩은 물은
교만의 골짜기를 속히 떠나며
방울방울 모여 이룬 강도
민의를 거스르면 바닥을 드러내거늘

하늘만 올려다봅니다

하늘을 올려다보고
별들의 움직임을 보며
빛의 질서를 새겨
미래를 내다보며 걸어온 문명
첨단의 우리에 갇힌 모순은
바다를 메울지언정 채우기 힘든 욕망이
화성에 고층 건물이라도 세울 허세로
꿀통에 빠진 벌이 단맛을 모르고 취하듯
습한 쾌락의 주위를 어슬렁거리던 시간들
급기야
번개와 우레도 깨물어 씹지 못할
증오로 돌변한 천산갑의 피울음이
세상과 사람 사이 잠 속에 떨어졌다
시곗바늘은 쉼 없이
과거와 현재 미래를 돌고
생은 그저 길가에 풀 한 포기 나서
피었다 지는 것과 같으련만

．

．

．

내 호흡의 미래인 하늘만 올려다봅니다.

■□ 해설

바람이고 싶어 하는 스스로를 향한 회귀의 마음
– 김덕원의 시세계

유성호(문학평론가, 한양대학교 교수)

1. 자기 갱신의 열도를 담은 시

김덕원의 두 번째 시집 『나는 아직 바람이고 싶다』(시산맥, 2021)는, 시인 스스로 강조했듯이, "꾸며진 감동보다 실질적 삶의 체험에서 채득한 언저리들과 소통하며"(「시인의 말」) 짜인 소중한 기억록이다. 아닌 게 아니라 김덕원의 시는 서정시의 본래 목표가 시인 자신의 절실한 자기 확인에 있음을 뚜렷하게 보여주는 세계로 다가온다. 그 안에는 자기 투영 의지가 짙게 녹아 있고, 회상의 과정을 담아내는 자기 갱신의 열도(熱度)가 깊이 숨겨져 있다. 최근 우리 시단에서 시인과 사물 사이의 균열을 포착하려는 미학이 많이 늘어나고는 있지만, 김덕원의 시는 아직도 이러한 자기 회귀적 속성이 서정시의 가장 중요한 자산임을 선명하게 보여준다. 이러한 자기 회귀성이 서정시의 가장 기본적이고 궁극적인 속성임에 비추어 우리는 이번 시집을 통해 시인 자신의 시선으로 시간과 공간과 사물과 현상의 고유성을 발견하고 그 힘으로 다시 자신의 삶을 되돌아보는 과정을 시종 경험할 수 있을 것이다. 결국 김덕원의 이번 시집은 기억의 세세한 결을 통해 스스로에게는 성찰의 힘을 부여하고 세상을 향해서는 활력을 불어넣는 상상력의 과정을 치러나가고 있다 할 것이다. 그 세계를 천천히 한번 조감해보도록 하자.

2. 회귀 지향의 정신과 미학

다시 강조되어 마땅하지만, 서정시는 시인 스스로의 삶을 탐구하는 자기 확인의 언어예술이다. 산문으로 쓰이는 양식들이 세계의 면모를 직접적으로 파악하려는 태도가 강한 데 비해, 운문으로 쓰이는 서정시는 이러한 회귀 지향을 고유하게 견지해온 역사를 가지고 있다. 그만큼 서정시는 시인 스스로의 삶을 탐구하는 일련의 실존적 결단 과정에서 생성되어간다. 물론 이때 시인이 표현하는 회귀성이란 정신적 차원의 것이기도 하고 미학적 차원의 것이기도 하다. 말하자면 시인은 자신의 삶을 낱낱이 재현하는 데 머무르지 않고 그 시간을 해석해가는 정신과 미학을 표현해가는 것이다. 이번 시집의 제목을 가능하게 한 표제작을 한번 읽어보도록 하자.

    꽃샘바람 불던 날
    첫울음을 울고
    하늬바람
    마파람
    높바람
    덴바람 맞으며

    일 년 내내 머리 위를 떠나지 않는
    삼백예순다섯 개 해와 달을 먹고
    빨갛게 익어

    혈기로 점철된 생의 부퉁 엎질러가며
    거친 파랑(波浪), 시간의 무늿결로 풀어내던
    내 젊은 날들이
    시간을 구부려서 다듬어 놓은 내일은
    나도 모르는 옵션이 첨부되어
    무거워진 내 오후의 생 위로
    과거로 가는 시간이 뚜벅뚜벅 걷고 있다

참람(僭濫)하게도 훌쩍 먹어버린
내 나이를 훔쳐갈 도둑이 든다면
나는 두 팔 벌려 버선발로 그를 맞으리

내 허물어져가는 것들을
훑고 가는 바람아!
무심한 듯 바라보는
이 몸부림을 어쩌랴

헐렁해진 가슴에 꽃 무덤 만들어
하얀 눈꽃 흩날리도록
먹구름 밀어내고 무지개 드리울
한 줄기 청량한 바람.
내 사랑 그대 곁에
나는 아직 바람이고 싶다

- 「나는 아직 바람이고 싶다」 전문

 '바람'이라는 자연 현상은 유동적이고 변화무쌍한 삶을 은유하는 낯익은 상징체계이다. 시인은 자신의 존재를 '바람'에 빗대어 그러한 속성들을 충족해가는 삶을 살고 싶다고 고백한다. 가령 김덕원 시인은 자신의 생애를 일러

'꽃샘바람'에서 첫울음을 울었고 '하늬바람'과 '마파람' 과 '높바람'과 '덴바람'을 맞으며 일 년 삼백예순다섯 날 을 살아왔다고 노래한다. "거친 파랑(波浪)"을 숱하게 지 나 "시간의 무늿결로 풀어내던/내 젊은 날들"이야말로 그 토록 오랜 시간을 구부려 다듬어 놓은 것이었을 터이다. 그래서 시인은 자연스럽게 허물어져가는 것들을 바람이 훑고 갈 때, 자신도 하얀 눈꽃 흩날리도록 무지개를 드리 워줄 "한 줄기 청량한 바람"이 되어 "내 사랑 그대 곁"에 있고 싶다고 힘주어 고백하고 있는 것이다. 이러한 '바람' 의 노래는 "일시적인 것에서 영원을 바라보며/이탈한 리듬 을 조율해보는"(「주름의 조율」) 마음이 깊이 반영된 것이 기도 하고, "배당된 몫을 살아낸 흔적들이 회한으로 묻어 나고"(「깨복쟁이 동창회」) 있는 순간을 세밀하게 기록한 결과이기도 할 것이다. 바람이고 싶어 하는 애잔한 시인의 스스로를 향한 회귀의 마음이 잘 묻어나는 시편이다. 다 음은 어떠한가.

    연꽃을 품었다
    흔들리는 사람의 마음도
    고요케 하는 그대

    끝없는 불화를 확인하며

조화를 꿈꾸고
모순과 부정을 극복할 정신으로
주변을 탓하지 않고
탁한 물속에 몸 담그고
연하고 부드럽지만
쉬 꺾이지 않는 도저(到底)함으로

똑같은 세월을 먹은 몸
청춘의 느린 시간표는
그대의 꽃밭을 기어 다녔는가?
그대 곁에 시간의 물방울들
해찰하며 흘러 흘러갔는가?

심연에서 우아하게 드러내는 좀
젖 물리던 분신
연지곤지 찍어 보내도록
그대는 어느 별에서 숨 쉬다 왔누?

- 「연희」 전문

'그대'라는 2인칭은 "연꽃을 품었다/흔들리는 사람의 마음"마저 고요하게 하는 힘을 가졌다. 불화를 넘어 조화를 꿈꾸거나 모순과 부정을 극복하여 연하고 부드러운 도저함을 보여주는 힘이 '그대'라는 존재 안에 있는 것이다. 비록 청춘의 느린 시간표가 '그대'의 꽃밭을 지나왔지만, '그대' 곁에 놓인 "시간의 물방울들"은 그야말로 시인으로 하여금 "심연에서 우아하게 드러내는 춤"을 느끼게끔 해주고 나아가 '그대'로 하여금 젖까지 물려주는 분신으로 존재하게끔 한다. 그러니 시인으로서는 어느 별에서 숨쉬다 온 '그대'를 맞아 이 세상을 건너가고 있는 셈이 아니겠는가. 여기서 시인은 '그대'라는 존재를 통해 자신을 발견하고 궁극적으로 스스로의 시간으로 회귀하는 과정을 선명하게 보여준다. 이러한 사랑과 의지는 "기억 저편 흔적이 되어"(「흔적」) 번져가고 있고 "생의 옹이로 박힌 내력들"(「세월」)을 환하게 알려주고 있는 것이다. 모든 것이 "고요 속으로 투신하고 싶어지는/원시의 궁금함"(「그죽집」)을 은은히게 들려주는 순간을 한껏 품고 있나 할 것이다.

이처럼 김덕원의 시에서 시간의 흐름에 대한 경험과 기억은 물리적 현상이 아니라 상징적 잔상으로만 남아 있다. 그래서 그의 시에서 시간은 기억 속에서 구성되며 우리는 그러한 시간 경험에 따라 시인의 고유한 소망을 새삼 알아가게 된다. 김덕원 시인은 지난날에 관한 기억들을 바탕으로 상처와 그리움의 시간을 재구성함으로써 이러한 자기 회귀의 서사를 펼쳐내고 있는 것이다. 이를 통해 그는 스스로의 존재 확인을 가능케 하는 근원적 형상을 발견하고 표현하면서 회귀 지향의 정신과 미학을 그 안에 숨 쉬게끔 하고 있는 것이다.

3. 삶에 깃들여 있는 근원적 힘

우리가 잘 아는 것처럼, 서정시 한 편 한 편에는 시인 스스로의 고유하고도 각별한 경험적 구체성이 담겨 있다. 또한 시의 대상이 되는 사물을 향한 끝없는 매혹의 순간들이 다채롭게 들어앉아 있다. 이를 두고 동일성 원리라고 부를 수 있을 것이다. 그만큼 서정시는 시인 스스로의 경험과 사물에 대한 매혹을 함축의 언어로 담아내는 언어예술이다. 이때 서정시는 시인으로 하여금 스스로의 경험과 기억과 깨달음을 통해 사물의 표면과 심층을 두루 발견하게 해주고, 나아가 삶의 근원적이고 보편적인 의미와 가치를 찾아가게끔 해준다. 김덕원 시인은 우리가 무심하게 지나칠 수 있는 사물의 표면을 뚫고 들어가서 거기 잠복해 있는 삶의 이치들을 찾아내고 유추하고 표현함으로써 자신의 삶에 깃들여 있는 근원적 힘에 주목한다. 바로 이러한 점이 김덕원 시인이 써가는 서정시의 제일 원리라고 할 수 있을 것이다.

두 겹 마스크에 라텍스 장갑 끼고

새소리 바람소리마저 들리지 않는

적막 속 봄을 몰래 걸을 줄 몰랐네

차마 발설하지 못한 한이 오랜 피울음을 걸어 나와

더 차가운 슬픔으로 봄이 젖는다

독방에 수감된 불량 죄수가 되어

다수의 혼들이 녹고 있다

방호복 입은 상주가 영정을 모시고 영정 속

알 수 없는 미소는 눈물만 바라본다

눈에 뵈지도 않는 바이러스 한 점에

문들은 굳게 닫고 봄은 빗장을 걸었다

- 「2020년의 봄」 전문

'코로나 19' 팬데믹 사태로 빚어진 여러 불가피한 상황을 반영한 이 시편은 '2020년의 봄'이야말로 마스크와 라텍스 장갑에 막혀 "새소리 바람소리마저 들리지 않는/적막 속 봄"이었다고 고백한다. 이 상황에서 차오르는 '한/피울음/슬픔'은 바이러스로 인한 불가항력의 상황에 대한 한탄의 정서이기도 하지만, 눈에 보이지 않는 바이러스 한 점에 굳게 빗장을 건 한 시대의 초상에 대한 정직한 기록의 결과이기도 할 것이다. "모두가 사라질 배경들일 뿐"(「반추하는 독백」)이었던 한 시대를 투명하게 바라보는 시인의 시선과 언어는 "속울음을 삼키며/비명 없는 주름이 만들어지고"(「어머니 속」) 있는 시간의 흐름을 반영하고 있고, "살아있는 자의 몫으로 슬픔의 악보를 옮기고"(「아름다운 이별」) 있는 순간을 담아내고 있는 셈이다. 새삼 "고통은 창조의 능력"(「고통은 확성기다」)이 되어준 것이다. 그러한 '삶'의 진실한 모습을 김덕원 시인은 다음 작품에서 간절하게 노래하고 있다.

>삶은 커다란 산입니다
>반드시 내려와야 하기 때문입니다
>
>삶은 얼룩무늬 낱말들이 엉켜 있는 국어입니다
>자음과 모음으로 집을 지어야 하기 때문입니다
>
>삶은 보태고 빼고 곱하고 나누는 산수입니다
>움켜쥐어 봐도 결국 남는 게 없기 때문입니다
>
>삶은 밟고 따라가야 하는 발자국입니다
>누군가에게 길잡이가 되기 때문입니다

삶에는 아무것도 확실한 것이 없습니다
자유로움에 이유를 만들고 부여할 뿐입니다

어쩌면 달걀 꾸러미 같은 삶일지라도
종속이 싫다며 앙탈을 부리기도 합니다

분홍색 벽지에 묻은 얼룩들 지우다
삶이 닳고 닳아 가루가 되어 갑니다

그래도 삶은 내일입니다
내일은 한사코 오니까요

– 「삶은」 전문

  시인은 삶을 "커다란 산"으로 은유힌다. 등산과 하산의 과정이 삶의 은유로 적합하기 때문일 것이다. 반드시 올라가면 내려와야 하는 삶은 얼룩무늬 낱말들이 엉켜있고 자음과 모음으로 지어져 있는 '집'으로도 몸을 바꾼다. 보태고 빼고 곱하고 나누면서 살아도 "움켜쥐어 봐도 결국 남는 게" 없는 셈법의 결과이기도 하다. "밟고 따라가야 하는 발자국"이자 "아무것도 확실한 것"이라고는 없는 "달걀 꾸러미 같은" 삶일지라도 시인은 분홍색 벽지에 묻은 얼룩들 지우다 닳고 닳아 가루가 되어가는 것이 삶이라고 노래한다. 그렇게 '내일'처럼 반드시 찾아오는 삶은 우리가 살아온 어제이기도 하지만 우리가 살아갈 내일이기도 한 것이다. 그러한 시간 속에서 "삶은 끊임없이/조율하는 거라고"(「그의 입술이 리드(reed)를 만나면」) 시인은 몇 번이고 강조한다. "쾌락의 주위를 어슬렁거리던 시간들"(「하늘만 올려다봅니다」)을 지나 다다른 "삶과 슬기 눈물과 웃음"(「구비(口碑)」)은 이제 '시인 김덕원'의 삶이 되어줄 것이다.

이렇게 김덕원 시인은 간결하고 선명한 시간의 흐름을 통해 삶의 구체적 경험을 우리에게 들려준다. 그 안에서 우리는 가장 살가운 삶의 모습이 미학적으로 되살아나고 있음을 느끼며, 가장 멀고도 가까운 내일의 시간이 힘 있게 흐르고 있음을 발견한다. 속도전으로 충일한 우리 시대에 시인은 이렇게 우리가 잃고 살아가는 고전적 시공간을 회복해주고 있는 것이다. 이러한 흐름은 우리에게 시사하는 바가 많은데, 그것은 그 이면을 이루고 있는 것이 바로 사랑의 마음이기 때문일 것이다. 그 사랑의 마음이 사물과의 깊은 연대감으로 피어나고, 그 안에 삶에 깃들여 있는 근원적 힘이 새삼 돋아 오르는 순간이 바로 '시인 김덕원'의 내질(內質)이 되어준 것이다.

4. 현실에 뿌리를 내리고 있는 낭만적 성정의 시인

 마지막으로 우리는 김덕원 시인의 시선과 언어가 자연 현상이나 사물을 지극하게 향하고 있음에 주목하게 된다. 이처럼 우리의 삶이 가지는 해묵은 습관에 어떤 새로운 충격을 가하고 새로운 시선을 마련해준다는 데서 김덕원의 시는 큰 의미를 가진다. 사실은 이것이 서정시가 꿈꾸는 가장 보편적인 의미일 것이다. 그만큼 우리는 김덕원 시인의 언어를 통해 현실에서는 불가능한 존재 전환을 하게 되고, 상상과 회상으로 다가오는 그만의 언어에 몸을 담그기도 한다. 그렇다고 그의 시가 비현실적인 몽상으로 짜여 있는 것은 아니다. 오히려 김덕원의 시는 현실을 벗어나 상상의 차원으로 도약하면서도 궁극적으로는 지상에서 살아가는 자신의 삶으로 돌아오는 특성을 한결같이 보이기 때문이다. 그 점에서 김덕원은 현실에 뿌리를 내리고 있는 낭만적 성정(性情)의 시인이라고 할 수 있을 것이다. '3월'의 시를 먼저 읽어보자.

> 꽃바람에 산들은 물기 어리고
> 들불처럼 번져갈 초록이 기지개 켠다
> 멍으로 머물러 있는 마음 헹구고
> 길고 어둔 침탈의 외투를 벗자

풀지 못할 매듭이라면
차라리
동방의 해가 뜨는 봄을 입자

육체는 지배해도 빼앗지 못한 정신.
맨몸으로 총검 앞에 궐기하던
3월의 혼을 입자
고난은 겪고 나면 선물이더라

푸르디푸르다 보면
허다한 허물도 묻힐 테지
푸르디푸르다 보면.

— 「3월」 전문

  봄이 오는 길목인 '3월'에 시인은 꽃바람에 물기가 어린 산과 들불처럼 번져갈 초록의 나무들을 바라본다. 초록의 빛깔이 연상시키는 '멍'을 "동방의 해가 뜨는 봄"으로 바꾸어 상상하는 시인의 마음이 이 나라의 험난했던 근대사를 떠올리게 해준다. 시인은 "육체는 지배해도 빼앗지 못한 정신"을 기리고 있는 것이다. 또한 시인은 "맨몸으로 총검 앞에 궐기하던/3월의 혼"을 역사에서 불러와 "고난은 겪고 나면 선물"임을 발견한다. "푸르디푸르다 보면/허다한 허물도 묻힐" 순간을 그리면서 말이다. 이처럼 김덕원 시인은 역사의 자장에서 지금도 우리의 마음에 남아 있는 "먼 산에 피운 霧氷, 초목 위에 침묵"(「2월」) 같은 것을 소환하여 "맨몸으로 혹한을 견딘 약속"(「약속」)을 굳세게 기억하고 있는 것이다. 그러니 '3월'은 그냥 봄이 아니라 '역사의 봄'이 되는 셈이다. 그렇다면 '5월'은 과연 어떨까.

> 콘크리트 벽 틈새에도 퇴적한 먼지
> 더미에도 한 비에 한 싹이 열리고 내 안에
> 층층이 소용돌이치는 그리움의 풀씨마저
> 내려와 시린 가슴 한편에 싹을 틔운다
>
> 싱그러운 연둣빛 바람에 햇살 고봉으로 쌓이고
> 저 쩽쩽 소리 나는 눈이 부시도록 푸르른 질서
> 가지 밖 얼굴 내민 연초록 늙지도 않고
> 다산한 어머니 품에 이파리 마구 흔들어댄다
>
> 아이들을 인격체로 존중하고 부모님의
> 쌈지를 들여다보는 자애로운 푸른 여신의

질투 때 아닌 돌풍 불어 주검으로 매달린
마른 잎들 매섭게 꾸짖어 질서를 가르치고

다툼이나 허영으로 하지 않고 오직 생명을
위한 순수와 겸손함으로 낸 너른 품에서
원시적 생명력으로 충일한 눈부신 생의
관능은 늙고 지친 산야에 우거지고 있다

- 「5월」 전문

'5월'은 콘크리트 벽 틈새에 퇴적한 먼지가 빗줄기에 걷히면서 싹이 열리는 때이다. 그리고 시인의 마음에 "층층이 소용돌이치는 그리움의 풀씨마저" 싹을 틔우는 시간이다. 이 그리움의 파상(波狀)은 연둣빛 바람과 햇살, 그리고 "쨍쨍 소리 나는 눈이 부시도록 푸르른 질서"에 의해 늙지도 않고 다산한 어머니 품처럼 퍼져간다. 그러니 자연스럽게 "자애로운 푸른 여신"이 보여주는 "오직 생명을/위한 순수와 겸손함"의 시간은 "너른 품에서/원시적 생명력으로 충일한 눈부신 생의/관능"을 한껏 충족해주지 않겠는가. 늙고 지친 산야에 우거지는 그 생명의 움직임이 인간의 "태생적 능력을 초월한 변신을 추구하는 마술"(「메이크업」)로 힘차게 다가오고 있는 것이다.

이처럼 김덕원의 시에서 계절로 상징되는 자연 사물의 속성들은 시간의 풍화를 겪으면서도 넉넉히 그 흐름을 이겨간다. 하지만 한편으로 그러한 과정은 또 다른 생성을 준비하는 단계로 한 걸음 더 나아가기도 한다. 아니 모든 존재자들의 내면에 자연스러운 어떤 기운이 충일하게 잉태되고 있는 것을 김덕원 시인이 노래하고 있다고 해도 좋을 것이다. 이러한 생성의 운동을 통해 모든 사물은 고립된 단독자가 아니라 서로의 몸에 각인되는 상호 결속의 존재들로 일어서게 된다. 김덕원 시인은 오랫동안 익숙해져 있던 소음과 번잡을 피해 자연의 여유와 느림을 택하면서, 거기서 마주하게 되는 사물들의 소멸과 생성의 과정을 통해 자연의 존재 방식을 깨달아가고 있는 것이다. 그 점에서 그는 현실에 뿌리를 내리면서 낭만적 초월과 상상을 동시에 감행하는 시인인 셈이다.

지금까지 우리가 읽어왔듯이, 김덕원 시인은 자신의 체험을 통해 가장 오랜 기억에 머물러 있는 시간과 공간과 그로 인한 파생적 감각을 부단하게 형상화해왔다. 그 과정이 이번 시집의 성취로 이어졌다고 말할 수 있을 것이다. 이러한 작업은 우리가 추구해가야 할 서정시의 대안적 치유 방향, 가령 불모성과 실용주의적 기율 범람에 대한 유력한 항체의 속성이 되어줄 수 있을 것이다. 이처럼 시인은 시간의 적층을 탐구하고 근원 지향의 상상력을 줄곧 추구하면서 깊은 경험과 기억을 통해 세상과 맞서고 있다. 그 맞섬의 과정이 그에게 결국 '삶'이고 '시'가 아니겠는가. 이번 시집은 그러한 '삶'과 '시'의 가장 구체적이고 뚜렷한 결실이라고 할 수 있을 것이다. 여전히 바람이고 싶어 하는 스스로를 향한 회귀의 마음을 담은 이번 시집의 출간을 축하드리면서, 김덕원 시인이 더욱 심원한 언어의 세계로 나아가게 되기를 충심으로 소망해본다.